Axel Faix

ORGANISATIONSGESTALTUNG

Grundfragen organisatorischer Entscheidungsfindung

Prof. Dr. Axel Faix
Fachbereich Wirtschaft der Fachhochschule Dortmund
Fachgruppe Unternehmensführung
E Mail: axel.faix@fh-dortmund.de

Berichte aus der Betriebswirtschaft

Axel Faix

Organisationsgestaltung

Grundfragen organisatorischer Entscheidungsfindung

Shaker Verlag
Aachen 2018

Bibliografische Information der Deutschen Nationalbibliothek
Die Deutsche Nationalbibliothek verzeichnet diese Publikation in der Deutschen
Nationalbibliografie; detaillierte bibliografische Daten sind im Internet über
http://dnb.d-nb.de abrufbar.

Copyright Shaker Verlag 2018
Alle Rechte, auch das des auszugsweisen Nachdruckes, der auszugsweisen
oder vollständigen Wiedergabe, der Speicherung in Datenverarbeitungs-
anlagen und der Übersetzung, vorbehalten.

Printed in Germany.

ISBN 978-3-8440-5665-5
ISSN 0945-0696

Shaker Verlag GmbH • Postfach 101818 • 52018 Aachen
Telefon: 02407 / 95 96 - 0 • Telefax: 02407 / 95 96 - 9
Internet: www.shaker.de • E-Mail: info@shaker.de

Vorwort

Die Aufgabe, eine leistungsfähige Unternehmensorganisation zu gestalten, hat in den letzten Jahren zweifelsfrei einen erheblich höheren Stellenwert im Aktivitätenspektrum der Unternehmensführung erreicht. Zunehmend wird erkannt, dass mit organisatorischen Regelungen und den bewirkten Verhaltenssteuerungen starke Einflüsse auf die Erzielung von Wettbewerbsvorteilen und Erfolgen des Unternehmens verbunden sein können. Angesichts vielfältiger Beziehungen zwischen den Handlungsfeldern des Managements (Personalpolitik, Führung, Unternehmenskultur, Organisation usw.) und vielfach schwierigen Markt- und Wettbewerbskonstellationen der Unternehmen ist die ziel- und situationsgerechte Organisationsgestaltung heutzutage oftmals mit der Lösung komplexer Analyse-, Bewertungs-, Auswahl- und Umsetzungsprobleme verbunden.

Das vorliegende Lehrbuch richtet sich an Studierende auf Bachelor- und Masterebene sowie an Organisationsgestalter in Unternehmen, Unternehmensverbänden und Non-Profit-Institutionen, die sich mit einer systematischen Konzeption zur organisatorischen Entscheidungsfindung und –begründung vertraut machen möchten. Der vermittelte Ansatz basiert auf dem Anspruch, für prinzipiell alle arbeitsteiligen Gebilde die wesentlichen Entscheidungsparameter geordnet zu erfassen und unter Rückgriff auf einen abgestimmten, strategisch orientierten Kriterienapparat einer Bewertung zugänglich zu machen, die das jeweilige Gesamtinteresse der Institution berücksichtigt. Die Auseinandersetzung mit der Organisation wird zweckmäßig aus der übergreifenden Sicht einer Unternehmensführung geführt, die insgesamt durch verschiedene Gestaltungshandlungen sicherstellen möchte, dass die Strategien und Handlungskonzepte des Unternehmens tatsächlich im angestrebten umfänglichen und qualitativen Ausmaß wirksam werden.

Ein herzlicher Dank geht an meinen Kollegen Jan-Philipp Büchler für zahlreiche wertvolle Diskussionen zu verschiedensten Gesichtspunkten der Unternehmensführung, deren Ergebnisse direkt oder indirekt in das Werk eingeflossen sind. Vielen Dank auch an Enrico Martoni, der das Werk genauestens Korrekturgelesen und zahlreiche Abbildungen erstellt hat.

Axel Faix

Dortmund, im Juni 2017

Inhalt

1. Einführung 9
2. Begriffliche Grundlagen, Entscheidungsprozesse und Wissensbasis der Organisationsgestaltung 13
   - 2.1. Organisationsbegriffe und -verständnisse 13
   - 2.2. Organisatorische Entscheidungsfindung 23
   - 2.3. Wissensbasis der Organisationsgestaltung 32
3. Organisatorische Entscheidungen zur Strukturierung des Unternehmens 45
   - 3.1 Spezialisierung 45
     - 3.1.1 Funktionale Organisation 46
     - 3.1.2 Objektorientierte Organisationsformen 50
     - 3.1.3 Matrix-Organisation 63
   - 3.2 Konfiguration 68
   - 3.3 (De-) Zentralisierung 76
   - 3.4 Koordination 79
4. Realisierung der Prozessorientierung als Aufgabe des Prozessmanagements 87
5. Organisationsgestaltung als Gestaltung interner und externer Schnittstellen 103
   - 5.1 Konzeption und Instrumente des internen Schnittstellenmanagements 104
     - 5.1.1 Übersicht über Vorgehen und Instrumente 104
     - 5.1.2 Instrumenteeinsatz 111
   - 5.2 Ansatzpunkte des externen Schnittstellenmanagements 123
6. Reorganisation 127
   - 6.1 Anliegen und Prozesscharakter von Reorganisationen 127
   - 6.2 Einzelbetrachtung der Stufen eines Reorganisationsprozesses 131
7. Literatur 147

Abbildungen

Abbildung 1:	Bezugsrahmen zur Gestaltung der Unternehmensführung	11
Abbildung 2:	Verrichtungs- und objektorientierte Aufgabenanalyse	18
Abbildung 3:	Aufgabenanalyse und –synthese	19
Abbildung 4:	Entscheidungsbereiche im Rahmen der Organisationsgestaltung	23
Abbildung 5:	Kongruenzprinzip der Organisationsgestaltung	25
Abbildung 6:	Entwicklungslinien und Ansätze der Organisationstheorie	33
Abbildung 7:	Organisationsgestaltung im Kontext der Unternehmensführung	43
Abbildung 8:	Allgemeines Beispiel einer funktionalen Organisation	47
Abbildung 9:	Konzernorganisation der Heidelberger Druck (2004 ff.)	48
Abbildung 10:	Allgemeines Beispiel einer divisionalen Organisation	51
Abbildung 11:	Wechselwirkungen zwischen Organisationsformen	54
Abbildung 12:	Allgemeines Beispiel einer produktbezogenen Organisation	55
Abbildung 13:	Geschäftsbereiche der Oetker-Gruppe	55
Abbildung 14:	Allgemeines Beispiel einer kundenbezogenen Organisation	57
Abbildung 15:	Aufbauorganisation der HSBC Group	59
Abbildung 16:	Allgemeines Beispiel einer regionenbezogenen Organisation	60
Abbildung 17:	Aufbauorganisation der Hochtief AG	61
Abbildung 18:	Allgemeines Beispiel einer Matrix-Organisation	64
Abbildung 19:	Matrix-Organisation der ZF Friedrichshafen AG	65
Abbildung 20:	Entscheidungsregeln in mehrdimensionalen Strukturen	66
Abbildung 21:	Wesentliche Informationsinhalte von Stellenbeschreibungen	69
Abbildung 22:	Produkt-Management (PM) im Rahmen des Stab-Liniensystems	72
Abbildung 23:	Kontext der Koordinationsinstrumente mit organisatorischem Bezug	80
Abbildung 24:	Prozessabwicklung in einer funktionalen Organisation	89
Abbildung 25:	„Magisches Dreieck" der Prozessgestaltung	90
Abbildung 26:	Kriterien zur Bestimmung kritischer Prozesse	93
Abbildung 27:	Ansatzpunkte für Gestaltungsmaßnahmen des Prozessmanagements	94
Abbildung 28:	Reine Prozessorganisation	96

Abbildung 29:	Klassifikation von Fähigkeiten	99
Abbildung 30:	Bezugsrahmen zur Gestaltung des Schnittstellenmanagements	105
Abbildung 31:	Instrumente nicht-hierarchischer Koordination	109
Abbildung 32:	Arbeitsbeziehungen des Produkt-Managers	113
Abbildung 33:	Gestaltungsprinzipien und Organisationsmaßnahmen	129
Abbildung 34:	Reorganisationsprozess	131
Abbildung 35:	Prüffragen für ein Audit zur Marktorientierung	133
Abbildung 36:	Prüffragen für ein Audit zur Organisationsgestaltung	134
Abbildung 37:	Misfit- und Transformationskosten	136
Abbildung 38:	Entstehung von Promotoren und Opponenten	137
Abbildung 39:	Beispiel für ein Funktionendiagramm	139
Abbildung 40:	Beispiel für ein Prozessdiagramm	140
Abbildung 41:	Bewertung des Ist-Zustandes einer Aufbauorganisation	141
Abbildung 42:	Auszug aus einer aufbauorganisatorischen Schwachstellenanalyse	142
Abbildung 43:	Strategische Stoßrichtungen für marktorientierte Reorganisationen	144

1. Einführung

Lernziele: Sie sollen den hohen Stellenwert der Organisation von Unternehmen für die Erfolgserzielung kennenlernen und verstehen, dass das Management die Organisation im Hinblick auf die internen und externen Erfordernisse des Unternehmens ausrichten sollte.

Unternehmen benötigen als arbeitsteilige Gebilde *organisatorische Regeln*, die sicherstellen, dass alle Beteiligten – z.B. Mitarbeiter in den verschiedenen Funktionen, aber auch Unternehmensexterne wie Angehörige von Lieferanten und Handelspartnern – abgestimmt auf die Realisierung der definierten Ziele hinarbeiten und ihre Aufgaben bestmöglich erfüllen. Da sich die *Bedingungslagen* in der Umwelt des Unternehmens (z.B. durch das Auftreten neuer Wettbewerber, die zunehmende Digitalisierung von Prozessen) und bezüglich seiner internen Faktoren (z.B. verwendete Technologien, bearbeitete Kundengruppen) von Zeit zu Zeit ändern, stellt sich für das Management die Aufgabe, für ein Unternehmen eine passende, den externen und internen Erfordernissen genügende Organisation zu gestalten, regelmäßig neu.

Die Betrachtung der organisatorisch relevanten Entwicklungen in den letzten Jahren – etwa die Hinwendung zu *prozess-* und *kundenorientierten Organisationsformen*, die *Abflachung von Hierarchien* – verdeutlicht, dass der Stellenwert dieser Thematik für eine erfolgreiche Unternehmensführung zugenommen hat und weiter steigt: „Die planvolle Gestaltung der betrieblichen Strukturen und Abläufe ist für alle Führungsebenen zu einer Aufgabe geworden, deren zielgerichtete Bewältigung einen wesentlichen Erfolgsfaktor darstellt" (Vahs (2015), S. 1). Frese/v. Werder (1994), S. 4, bemerken unter dem Aspekt der Erzielung von *Wettbewerbsvorteilen*, dass „Organisationsinnovationen ... einen strategischen Hebel (bilden), der die Wettbewerbsbedingungen verändern kann. Noch nie war der Stellenwert der Fähigkeit, Organisationskonzepte entwickeln und erfolgreich umsetzen zu können, beim Aufbau und bei der Sicherung von Wettbewerbsvorteilen so hoch wie heute."

Die in vielen Branchen zunehmend schwierigeren Umweltbedingungen (vgl. Arbeitskreis „Organisation" (2017)) erhöhen die maßgeblichen Anforderungen an das Management der Unternehmen. Zahlreiche Berichte aus der Unternehmenspraxis, die organisatorische Veränderungsprozesse und ihre unmittelbaren und mittelbaren Konsequenzen betreffen, unterstreichen den Charakter der Organisation als Erfolgsfaktor, dessen Ausgestaltung in starkem Maße für die kürzer- und längerfristige Erfolgserzielung des Unternehmens (mit-) verantwortlich ist (vgl. z.B. Maier (2016), S. 38, zur Reorganisation bei der *Siemens AG* 2014/15). In ihrer populären – aber nicht unkritisch zu sehenden – Studie der Faktoren, die den Erfolg von Unternehmen bestimmen (Strategy, Structure,

Systems, Skills, Staff, Style, Shared values: 7 S), fanden Peters/Waterman (1982) unmittelbare und mittelbare Erfolgswirkungen der Organisation (passende Form der „Structure" als aufbauorganisatorischer Rahmen, aber auch geeignete Anlagen von „Style" und „Shared values", die auf die eng mit der Organisation verbundene Unternehmenskultur weisen). Größerzahlige empirische Untersuchungen – wie z.B. der *IHK-InnoMonitor*, mit dem die *Forschungsgruppe Innovationsexzellenz* der *Fachhochschule Dortmund* regelmäßig Innovationserfolge und –bedingungen der Unternehmen im Westfälischen Ruhrgebiet analysiert (vgl. Büchler/Faix (2015); Faix/Büchler (2017)) – bestätigen die Erfolgseinflüsse organisatorischer Faktoren.

Das vorliegende Werk behandelt die *Gestaltung der Organisation* aus Sicht eines Managements, das mit einem systematischen Vorgehen bei der Auswahl und Verankerung einer passenden Organisationsform einen nachhaltigen Beitrag zur Erzielung von Wettbewerbsvorteilen und Erfolgen des Unternehmens leisten möchte und dabei aus Sicht der Ziele einer allgemeinen Unternehmensführung handelt. Das betonte *systematische* Vorgehen betrifft im Rahmen eines *entscheidungsorientierten* Ansatzes die Konzeption der in Frage kommenden organisatorischen *Entscheidungsalternativen* sowie ihre Bewertung und Auswahl auf Basis begründeter *Kriterien*.

Die Auseinandersetzung mit der Organisation ordnet sich in die *übergreifende Perspektive der Unternehmensführung* ein, die insgesamt durch verschiedene Vorkehrungen sicherstellen möchte, dass die Strategien und Handlungskonzepte des Unternehmens (z.B. eine kundenorientierte Innovationsstrategie oder eine Konzeption zur Förderung der Kundenbindung) durch eine durchdachte *Implementierung* tatsächlich im angestrebten umfänglichen und qualitativen Ausmaß wirksam werden. Hierbei bedeutet Implementierung „die Verwirklichung von Lösungen, die in konzeptioneller Form vorhanden sind und durch Umsetzen zu konkretem Handeln führen" (Hilker (1993), S. 4). Neben Organisationsfaktoren spielen hierbei z.B. unternehmenskulturelle, führungsbezogene und personalpolitische Maßnahmen eine wichtige Rolle. Wie die jüngere Erfolgsfaktorenforschung zeigt, ist eine leistungsstarke Implementierung der strategischen Ansätze und Konzeptionen für einen beträchtlichen Anteil des Erfolgs von Unternehmen verantwortlich (vgl. z.B. Donaldson (1987); Hamilton/Shergill (1992)). Es verwundert daher nicht, dass sich das Erkenntnisinteresse in der Unternehmensführung in den letzten Jahren stärker in Richtung Umsetzung und Durchsetzung von Handlungskonzeptionen verschoben hat (vgl. Bergmann/Faix (2007), S. 41 ff.).

Der folgende *Bezugsrahmen* der Unternehmensführung zeigt die inhaltlichen Schwerpunkte, die bei der Betrachtung der Implementierung von Strategien und Maßnahmen prinzipiell bedeutsam sind und verdeutlicht, dass eine umsichtige Organisationsgestaltung unter Beachtung weiterer Einfluss- und Gestaltungsfaktoren vollzogen werden sollte (vgl. Abb. 1):

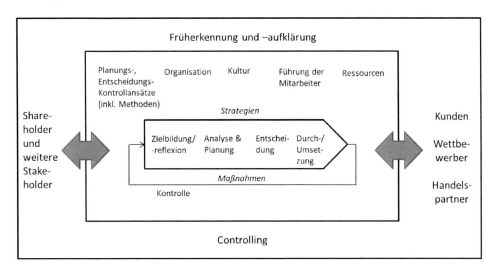

Abbildung 1: Bezugsrahmen zur Gestaltung der Unternehmensführung

Der für die Unternehmensführung zentrale *Prozess* der *Planung* (Vorgang der Willensbildung, der in der Regel auf einschlägigen Analysen aufbaut) sowie der *Durch-* bzw. *Umsetzung* von strategischen und operativen *Entscheidungen* (einschließlich begleitender und abschließender *Kontrollen*) stellt einen bedeutsamen Interaktionsmodus des Unternehmens mit seiner Umwelt dar, der die Potenziale für betriebliche Erfolge schafft (z.B. bedarfsgerechte Produkte, leistungsfähige Fertigungsprozesse) und diese auszuschöpfen sucht. Unter Berücksichtigung des häufig hochkomplizierten Geflechts der Beziehungen zu Absatzmarktpartnern (Handelspartner, Endkunden) und Wettbewerbern sowie Share- und (weiteren) Stakeholdern (Lieferanten, Banken, Logistikdienstleister etc.) ist auf Basis weit reichender Informationen über (aktuelle und sich entwickelnde) externe und interne Gegebenheiten nach Wegen zu suchen, um marktliche bzw. umweltbezogene Gelegenheiten einerseits (z.B. das Auftreten neuer Kundenbedarfe, neuartiger Technologien) mit den internen Potenzialen des Unternehmens – die unter anderem durch die *organisatorischen Regelungen* gebildet und geformt werden – andererseits bestmöglich in Einklang zu bringen.

Hierbei versorgen die *Früherkennung* bzw. *-aufklärung* die Analyse- und Entscheidungsprozesse und ihre Träger fortwährend mit Hinweisen, die zur Reflexion des eingeschlagenen Kurses und der Ziele des Unternehmens auffordern. Es ist neben der

Durchführung von Kontrollen die Aufgabe des *Controlling*, hierfür die erforderliche informationsbezogene Infrastruktur zu schaffen und die Informationsversorgung des Unternehmens sicherzustellen.

Die Qualität und die Ergebnisse des oben gezeigten Prozesses hängen in hohem Maße vom Vorhandensein angemessener *Planungs-, Entscheidungs- und Kontrollsysteme* (deren Nutzung durch geeignete *Methoden*, z.B. zur Beurteilung der Wettbewerbsstärke von Konkurrenten oder der Bedarfe von Kunden, unterstützt wird), der Existenz leistungsfähiger Konzepte und Prinzipien der *Aufbau- und Ablauforganisation* (die z.B. eine rasche Abstimmung zwischen verschiedenen Stellen im Unternehmen und eine zielgerichtete Erfüllung des Aufgaben des Unternehmens erlauben), einem stabilen, breit akzeptierten *kulturellen Fundament* des Unternehmens (mit entsprechend ausgerichteten Werten, Normen und Grundüberzeugungen) sowie ausreichend verfügbaren, qualitativ überlegenen (Personal-) *Ressourcen* ab (die insbesondere durch Maßnahmen der Mitarbeiterführung – etwa durch persönliche Interaktion – und der Personalentwicklung gestaltet werden). Da die genannten Faktoren in der Regel nicht isoliert wirken – so wird z.B. die organisatorische Koordination im Unternehmen erheblich vereinfacht, wenn die Unternehmenskultur Werte aufweist, die ein funktionsübergreifendes Miteinander begünstigen – ist für eine umsichtige, vorausschauend angelegte Organisationsgestaltung eine eingehende Kenntnis der zahlreichen (günstigen wie ungünstigen) Wechselwirkungen zwischen den fraglichen Gestaltungs- bzw. Einflussfaktoren notwendig.

2. Begriffliche Grundlagen, Entscheidungsprozesse und Wissensbasis der Organisationsgestaltung

Lernziele: Sie sollen mit den verschiedenen Verständnissen und Differenzierungen des Begriffs „Organisation" sowie den wesentlichen Funktionen der Unternehmensorganisation vertraut gemacht werden (Kap. 2.1). Sie sollen verstehen, dass eine systematische organisationsbezogene Entscheidungsfindung erstens eine klare Festlegung der organisatorischen Entscheidungsbereiche und zweitens die Verwendung begründeter Bewertungskriterien zur Bestimmung der geeigneten Organisationsalternative benötigt (Kap. 2.2). Sie sollen eine Übersicht über gängige organisationstheoretische Ansätze geben können und mit den Grundzügen entscheidungsorientiert angelegter oder verwendbarer organisatorischer Theorien vertraut sein, die Sie in eigenen Argumentationen verwenden können (Kap. 2.3).

Überlegungen zur Gestaltung der Organisation setzen zunächst eine Klärung des verwendeten Begriffs der Organisation voraus. Es ist zu beachten, dass der Organisationsbegriff vor allem aufgrund unterschiedlicher Sichtweisen und Interessen verschiedener Strömungen der Organisationsforschung auf vielfältige Weise benutzt wird (vgl. Schreyögg (2008), S. 4 ff.).

2.1. Organisationsbegriffe und -verständnisse

Unter dem Aspekt einer Organisationsgestaltung, die für die Realisation eines Implementierungsgegenstandes (z.B. Strategie) günstig sein soll, nehmen die weiteren Ausführungen (hauptsächlich) auf den *instrumentellen Organisationsbegriff* Bezug, der „Organisation" als System von Regeln zur zielentsprechenden Erfüllung von Aufgaben und zur Steuerung des Leistungsprozesses erfasst (vgl. Grochla (1982), S. 1). Diese Regeln können verschiedenartige Sachverhalte betreffen, wie z.B. Zuständigkeiten für bestimmte Aufgaben, Informationsverpflichtungen, Richtlinien für die Bearbeitung von Vorgängen, Zuordnungen von Entscheidungs- und Weisungsbefugnissen usw. Der im organisatorischen Kontext wesentliche Begriff *Aufgabe* kann verstanden werden als „Verpflichtung, bestimmte Tätigkeiten auszuführen, um ein definiertes Ziel zu erreichen" (Vahs (2015), 51).

Die organisatorischen Regeln in einem Unternehmen sind prinzipiell *dauerhaft* – also ohne vorbestimmtes Ende – angelegt und gelten nicht nur vorübergehend oder für den Einzelfall. Mit fortschreitender Erfahrung nehmen in einem Unternehmen regelmäßig die Anteile der dauerhaften im Verhältnis zu den fallweise geltenden (Disposition) oder vorläufig aufgestellten Regeln (Improvisation) zu. Diese Entwicklung thematisiert das von Gutenberg (1976) formulierte *Substitutionsprinzip* der Organisation. Wenn organisatorische Regeln zeitlich befristet sind, kann ein *Projekt* berührt sein. Ein Projekt bedeutet eine Aktivität mit einem definierten Anfang und Ende, die erforderlichen Regelungen betreffen die *Projekt-Organisation*.

In Bezug auf den instrumentellen Organisationsbegriff ist zwischen dem *funktionalen* (Organisieren als Tätigkeit, die auf die Schaffung oder Veränderung organisatorischer Regeln gerichtet ist) und dem *konfigurativen* Organisationsbegriff (Organisation als prinzipiell dauerhaft geltendes Ergebnis strukturierender Aktivitäten) zu unterscheiden (vgl. Schreyögg (2008), S. 5 ff.; Kosiol (1976)). Das funktionale Verständnis ist eng mit der *Analyse organisatorischer Gestaltungsprozesse* (mit Teilschritten wie z.B.: Abgrenzung und Analyse des organisatorischen Problemfeldes, Ableitung und Bewertung von Handlungsoptionen, Auswahl und Umsetzung der gewählten Organisationsalternative) verknüpft, deren Anwendung zu geeigneten Organisationslösungen (Ergebnisse strukturierender Aktivitäten) führen soll.

In instrumenteller Sicht werden organisatorische Maßnahmen bezüglich ihrer Fähigkeit, zur Erreichung der Ziele des Unternehmens beizutragen, analysiert und bewertet und entsprechend ausgewählt und/oder ausgerichtet. Wie angeführt, spielt die Gestaltung einer angemessenen, strategischen Erfordernissen genügenden Unternehmensorganisation als maßgeblicher *Erfolgseinfluss* in der Diskussion in Wissenschaft und Unternehmenspraxis seit geraumer Zeit eine gewichtige Rolle. Hierbei sind mit der Koordinations- und der Orientierungsfunktion zwei inhaltlich zwar eng verbundene, aber prinzipiell trennbare *Hauptfunktionen* der Organisation zu differenzieren:

Koordination bedeutet die Ausrichtung von Einzelaktivitäten in einem arbeitsteiligen System auf ein übergeordnetes Gesamtziel (vgl. Frese/Graumann/Theuvsen (2012), S. 123). Die *Koordinationsfunktion* beinhaltet die Aufgabe organisatorischer Regeln, arbeitsteilige Aktivitäten auf übergreifende Ziele bzw. zu realisierende Strategien (auch im Rahmen operativer Handlungsebenen) hin auszurichten (vgl. Frost (1997), S. 2; Laßmann (1992)). Da das Hauptaugenmerk *gegebenen* Zielen gilt, steht die *Effizienz* (vgl. Ahn/Dyckhoff (1997), S. 2 ff.) ihrer Durchsetzung im Mittelpunkt. Unter dem Blickwinkel des Verhältnisses zwischen Umwelt und Unternehmen wird angestrebt, „einen ´Fit´ zwischen den Anforderungen der Umwelt und der Organisationsstruktur herzustellen" (Frost (1997), S. 2). In diesem Sinne ist die Behandlung der organisatorischen Aufgabe bei *Gutenberg* zu verstehen, der ihr in der Unternehmensführung einen besonderen Stellenwert zuweist. Zur Organisation heißt es: „Ihr kennzeichnendes Merkmal besteht darin, daß sie die vielen heterogenen Aufgaben, die in einem Unternehmen verrichtet werden müssen, wenn es Bestand haben soll, miteinander verknüpft und zu einer funktionsfähigen Einheit zusammenbindet. Organisation stellt also immer Bezüge zwischen an sich keineswegs organisatorischen Tatbeständen her. Diese Tatbestände sind Sachaufgaben, die ohne organisatorische Regelungen nicht vollzogen werden können. Organisation ist also die Voraussetzung für die Erfüllung von Sachaufgaben. Sie stellt ein System von Regeln und Regelungen dar, das diesen Aufgaben erst zu ihrer Erfüllung verhilft" (Gutenberg (1962), S. 101).

Die *Orientierungsfunktion* der Organisation fokussiert das Problem, wie in einer dynamischen, mehrdeutigen Umwelt zunächst die Wahrnehmung von Chancen und Risiken und die Definition von Umweltanforderungen durch Individuen oder Gruppen im Unternehmen geschehen und Wissensaktivitäten im Unternehmen betrieben werden. Da die möglichen Ziele und Handlungsoptionen zunächst nicht bekannt sind, müssen diese – unter dem Aspekt der *Effektivität* (vgl. Ahn/Dyckhoff (1997), S. 2 ff.) – gemeinsam entwickelt werden: „Es geht um die Frage, wie Organisationsstrukturen gewährleisten, daß relevante Probleme wahrgenommen und Alternativen entwickelt werden können sowie das Wissen der Organisationsmitglieder unternehmensweit diffundiert werden kann" (Frost (1997), S. 2).

Die Diskussion der beiden organisatorischen Funktionen korrespondiert mit den beiden – nicht völlig gegensätzlichen – Blickwinkeln in der *strategischen Unternehmensführung* zur Erlangung von Erfolgspotenzialen und Wettbewerbsvorteilen. Die *Outside-In-Perspektive* richtet das Augenmerk zunächst auf die Suche nach einer unter Nachfrage- und Wettbewerbsaspekten attraktiven Marktposition, die dem Unternehmen Wettbewerbsvorteile (auf Basis niedriger Kosten oder überlegener Leistungsangebote) in Aussicht stellt; für die Erreichung und Verteidigung dieser Position werden sodann gezielt Maßnahmen (auch organisatorischer Art) entworfen. Die *Inside-Out-Perspektive* rückt hingegen zunächst mit den Ressourcen die internen Voraussetzungen des Unternehmens für marktgerichtete Handlungen in den Mittelpunkt der Betrachtung; ausgehend von den durch besondere Ressourcen (vor allem Kernkompetenzen) gegebenen Möglichkeiten werden dann einträgliche Verwertungsoptionen gesucht.

Ressourcen sind alle materiellen und immateriellen Aktiva, die eine unternehmensspezifische Komponente aufweisen (vgl. Faix/Kupp (2002), S. 62 ff.). Ressourcen als materielle Aktiva sind z.B. spezifische Fertigungsanlagen, Kapitalausstattungen oder Distributionssysteme. Zu den immateriellen Ressourcen zählen Patente, Lizenzen, spezifisches Wissen und Erfahrungen, die Unternehmenskultur, das Unternehmensimage sowie spezielle Fähigkeiten einzelner Mitarbeiter (vgl. Rasche (1994), S. 38 ff.). *Kompe-*

tenzen sind immaterielle, wissensbasierte Ressourcen. Sie können z.B. aus technologischen Fähigkeiten, personengebundenen Fertigkeiten oder auch sozialen Interaktionsmustern bestehen und stellen akkumuliertes Wissen dar (vgl. Rasche (1994), S. 112). Sie stellen *Kernkompetenzen* dar, wenn sie für das Unternehmen Wettbewerbsvorteile generieren können. Dazu dürfen sie längerfristig nicht imitierbar und substituierbar sein und müssen einen nutzenstiftenden Charakter für das Unternehmen bzw. dessen Kunden besitzen.

Die Organisation eines Unternehmens kann insbesondere im Rahmen der Orientierungsfunktion als *Ressource* in Bezug auf ihre Möglichkeiten zur Generierung von Wettbewerbsvorteilen (vgl. Wernerfelt (1984), S. 172; Barney (1991), S. 101) oder – spezifischer – als *Kernkompetenz* (unter Betonung von Lern-/Wissensprozessen) analysiert werden (vgl. Frost (1997), S. 137 ff.). So verstehen Slater/Narver (1995), S. 71, die *lernende Organisation* als (kompetenzbasierten) Wettbewerbsvorteil: „We believe that a learning architecture satisfies the requirements for competitive advantage because it is well positioned to provide superior value to customers, complex to develop, difficult to imitate, and appropriate in a turbulent and dynamic environment." Dabei akzentuiert die Orientierungsfunktion die Rolle organisatorischer Regelungen für das Erkennen und Bewerten zukunftsträchtiger Marktchancen. Die Sichtweise, die die Koordinationsfunktion in den Mittelpunkt rückt, wird damit nicht überflüssig, denn leistungsstarke Abstimmungsmechanismen (z.B. für die logistischen Teilfunktionen des Unternehmens) können eine wesentliche Grundlage für Wettbewerbsvorteile des Unternehmens sein, die z.B. auf einer hohen Lieferfähigkeit und kurzen Lieferzyklen beruhen. Die Verbindung der beiden Perspektiven erlaubt eine integrierende, umfassende Betrachtung der Organisation.

Mit einer Konzentration auf die instrumentelle Sicht der Organisation soll keineswegs eine weitere – in jüngerer Zeit zunehmend ins Blickfeld gerückte – terminologische Variante, nämlich der *institutionelle Organisationsbegriff*, der die betreffende Institution als Organisation kennzeichnet, vollständig aus der Betrachtung ausgeschlossen werden. Als zentrale Elemente des institutionellen Organisationsbegriffes gelten die spezifische Zweckorientierung, die geregelte Arbeitsteilung und die Grenzen, die es ermöglichen, zwischen der organisatorischen Innen- und Außenwelt zu unterscheiden (vgl. Schreyögg (2008), S. 8 ff.).

Unter dem Gesichtspunkt der organisatorischen *Gestaltung* ist zunächst die Unterscheidung zwischen der Aufbau- und der Ablauforganisation bedeutsam: Während die *Aufbauorganisation* in einer statischen Sicht Aufgaben, ihre Zuordnung zu organisatorischen Teileinheiten und die möglichen Weisungs- und Informationsbeziehungen zwischen ihnen regelt, liegt der *Ablauforganisation* eine dynamische Perspektive zugrunde, die sich auf den Prozess des betrieblichen Geschehens richtet (vgl. Gaitanides (1983), S. 1 f.). „Während Aufbauorganisation etwas mit der Bildung von organisatorischen Potentialen zu tun hat, steht im Rahmen der Ablauforganisation der Prozeß ihrer Nutzung im Vordergrund" (Gaitanides (1992), Sp. 2; im Orig. z.T. hervorgehoben). Beide – durch zahlreiche Wechselwirkungen und inhaltliche Verflechtungen gekennzeichneten – organisatorischen Ebenen sind aufeinander abgestimmt in den Dienst der Erreichung der Unternehmensziele zu stellen.

Die idealtypisch sukzessive Gestaltung der Aufbau- und der Ablauforganisation bildet den wesentlichen Kern der *Betriebswirtschaftlichen Organisationslehre* (vgl. Nordsieck (1934); Kosiol (1976)). Wesentliche Erfordernisse der organisatorischen Gestaltung sind die Zerlegung der komplexen Gesamtaufgabe eines Unternehmens in Teilaufgaben zur arbeitsteiligen Erfüllung des Gesamtkomplexes (als Ausdruck einer *Differenzierung*) sowie die anschließende Koordination der – durch direkte oder indirekte Abhängigkeiten verbundenen – Teileinheiten zur Erreichung des Gesamtziels im Rahmen einer *Integration* (vgl. Lawrence/Lorsch (1967a)).

Unter Betonung der *statischen, strukturellen Ebene* werden hiernach aus dem (sachlichen) Unternehmensziel („Gesamtaufgabe") unter Berücksichtigung produktionstechnischer und ökonomischer Bedingungen Teilaufgaben abgeleitet (*Aufgabenanalyse*). Bei diesem stufenweisen Vorgehen können Verrichtungen (Zerlegung von Aufgaben in konkrete Aktivitäten wie z.B. Bohren, Schneiden), Objekte (Aufgaben an unterschiedlichen Gegenständen), Phasen (gemäß Planungs-, Realisations- und Kontrollaufgaben), Ränge (Entscheidungs- und Ausführungsaufgaben) und Zweckbeziehungen (unmittelbar oder mittelbar auf die Erfüllung einer Hauptaufgabe gerichtete Teilaufgaben) von Aufgaben als Kriterien verwendet werden (vgl. Schreyögg (2008), S. 93 ff.).

Die folgende Abbildung zeigt beispielhaft mögliche Aufgabeneinteilungen für eine *verrichtungs-* und eine *objektorientierte Aufgabenanalyse* für eine Bäckerei (Abb. 2).

Gesamtaufgabe: Herstellen und Vertreiben von Backwaren				
Zutaten beschaffen und lagern	Backwaren herstellen	Backwaren verkaufen	Verwalten der Betriebsprozesse	Betreuen des Personals
(Verrichtungsorientierte Zerlegung der Gesamtaufgabe)				
Gesamtaufgabe: Herstellen und Vertreiben von Backwaren				
Aufgaben in Bezug auf Brot	Aufgaben in Bezug auf Brötchen	Aufgaben in Bezug auf Kuchen	Aufgaben in Bezug auf Torten	Aufgaben in Bezug auf Teilchen
(Objektorientierte Zerlegung der Gesamtaufgabe)				

Abbildung 2: Verrichtungs- und objektorientierte Aufgabenanalyse

Das Beispiel kann jeweils durch Hinzufügung weiterer Zerlegungsebenen verfeinert werden. So kann „Zutaten beschaffen und lagern" weiter verrichtungsbezogen untergliedert werden in „Ermitteln und auswählen der Bezugsquellen", „Vergleichen der Angebote", „Vornehmen der Bestellung", „Termine, Mengen und Qualitäten überwachen" und „Lagerhaltung betreiben". Weiter lassen sich „Aufgaben in Bezug auf Brot" z.B. noch tiefer nach verschiedenen Brotsorten (Graubrot, Schwarzbrot, Weißbrot etc.) aufspalten. Selbstverständlich können die Zerlegungskriterien auch kombiniert eingesetzt werden (1. Ebene: Zerlegung nach Verrichtungen, 2. Ebene nach Objekten usw.).

In der *Aufgabensynthese* erfolgt die Zusammenfassung von Teilaufgaben, die einzelnen Aufgabenträgern – Personen, Sachmitteln – im Rahmen der Stellenbildung zugeordnet werden. Eine *Stelle* bildet grundsätzlich die kleinste Organisationseinheit: „Sie ist das Grundelement .. der Aufbauorganisation und entsteht durch die dauerhafte Zuordnung von Teilaufgaben auf eine oder mehrere gedachte Personen (personale Aufgabensynthese)" (Vahs (2015), S. 61; im Orig. hervorgehoben). An die Stellenbildung schließen sich Verdichtungen von Stellen zu Abteilungen, Hauptabteilungen, Bereichen usw. an. Typische Ziele der aufbauorganisatorischen Gestaltung sind die Gewährleistung einer hohen Entscheidungsqualität und Koordination der Aktivitäten der Unternehmensmitglieder. Die folgende Abbildung schematisiert die angeführten Schritte (vgl. Abb. 3):

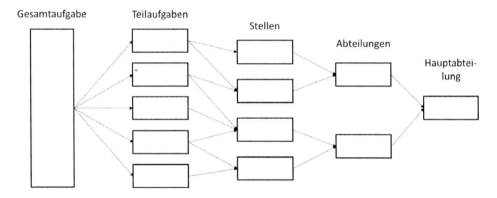

Abbildung 3: Aufgabenanalyse und –synthese

Analog werden in Bezug auf den somit geschaffenen organisatorischen Rahmen in *prozessualer* Hinsicht in der *Arbeitsanalyse* einzelnen Aufgabenträgern Teilaufgaben bzw. Arbeitsschritte zugewiesen und sodann in der *Arbeitssynthese* unter Berücksichtigung personaler, zeitlicher und räumlicher Bedingungen zu einem arbeitsteilig gestalteten Arbeitsvollzug zusammengefasst. Hierbei geht es im Wesentlichen darum zu entscheiden, welcher Stelleninhaber eine ihm gestellte Aufgabe wann, wie lange, wo und unter Nutzung welcher Betriebsmittel erfüllen soll und welche Regelungen für die vor- und nachlaufenden Aktivitäten bzw. Prozesse gelten.

Typische Ziele der ablauforganisatorischen Gestaltung sind die Minimierung von Durchlaufzeiten und –kosten, die Maximierung der Kapazitätsauslastung oder die Förderung der Mitarbeiterzufriedenheit. Zwischen ablauforganisatorischen Zielen herrschen häufig Wechselwirkungen, so dass nicht alle Ziele zugleich optimiert werden können. So steht eine Minimierung der Durchlaufzeit (aufgrund der vorsorglich vorzuhaltenden Ressourcen) in der Regel einer Maximierung der Kapazitätsauslastung entgegen, wie das Streben nach einer größtmöglichen Auslastung von (eher knapp dimensionierten) Kapazitäten im Regelfall zu Wartezeiten bei den zu bearbeitenden Objekten (z.B. Elemente von Fertigungsaufträgen) führt und der Minimierung der Durchlaufzeit somit Grenzen gesetzt werden (Dilemma der Ablauforganisation).

Während das Handlungsschema der Betriebswirtschaftlichen Organisationslehre zunächst mit einem recht rigiden Gestaltungsanspruch vermittelt wurde, ist in der Anwendung mittlerweile ein flexiblerer Umgang zu verzeichnen, bei dem auch *ausgehend* von ablauforganisatorischen Entscheidungen (insbesondere Einrichtung einer so genannten *Prozessorganisation*) aufbauorganisatorische Konsequenzen (z.B. Zuordnung von personellen Zuständigkeiten für Teilaufgaben entlang einer Prozesskette) *abgeleitet* werden.

Für die organisatorische Gestaltung ist unter dem Gesichtspunkt der *Reichweite* der maßgeblichen Entscheidungen und Regeln auf die Unterscheidung zwischen interner und externer Organisation einzugehen. Während die *interne Organisation* die Regeln über Aufgabenzuordnungen, Prozesse etc. in Bezug auf die Mitglieder des Unternehmens (insbesondere Mitarbeiter) beinhaltet, richtet sich die *externe Organisation* auf die Abstimmungserfordernisse und Regeln unter Einbeziehung Unternehmensexterner (Lieferanten, Kapitalgeber etc.), z.B. im Hinblick auf die Funktionsweise von Kooperationen und Netzwerken, an denen das Unternehmen beteiligt ist. Es ist zu beachten, dass die Unterscheidung zwischen interner und externer Organisation eine klare *Grenzziehung* zwischen dem Unternehmen und seiner Umwelt voraussetzt. In der organisatorischen Diskussion findet seit geraumer Zeit eine verstärkte Hinwendung zu den *externen Regelungsanforderungen und -optionen* statt, die z.B. berücksichtigt, dass zunehmend *Netzwerke von Unternehmen* im (nicht selten globalen) Wettbewerb um die Gunst der Kunden ringen (z.B. auf Basis von Netzwerken zur Förderung von Innovationen, zur Realisierung umfassender Supply Chain Management-Konzeptionen).

In den meisten Unternehmen stehen bei der organisatorischen Gestaltung dauerhaft zu erfüllende Aufgaben im Mittelpunkt. Gleichwohl führen in vielen Unternehmen häufige Änderungen von Märkten oder Technologien dazu, dass verstärkt *Projekte* bearbeitet werden, die (zumindest in einem bestimmten Ausmaß) besondere organisatorische Vorkehrungen erfordern. Beispiele für größer dimensionierte Projekte sind die Entwicklung eines neuen Produktes auf Basis intensiver Forschungsbemühungen, aber auch die Auswahl und Einführung eines neuen IT-Systems im Unternehmen. Projekte als auf Zeit angelegte Vorhaben (mit einem definierten Anfangs- und Endtermin) beinhalten Aufgaben, die zeitlich befristet, für das Unternehmen im Prinzip neuartig und meist auch recht komplex sind. Da die vergangenen Erfahrungen nur begrenzt hilfreich sind, führt die Bearbeitung dieser einmaligen Vorhaben im Vergleich zu Daueraufgaben zu einem höheren Grad an Unsicherheit. Während sich der Begriff „Projekt-Management" auf die Planung, Steuerung und Kontrolle der Projektaktivitäten im Hinblick auf Zeit, Kosten, erforderliche Ressourcen und angestrebte Leistungsergebnisse bezieht, betrifft die *organisatorische Ebene* in erster Linie die Zuordnung von Projektaufgaben zu Aufgabenträgern und die Regelung von Weisungs- und Kommunikationsbeziehungen (vgl. Frese/Graumann/Theuvsen (2012), S. 489 f.).

Unter organisatorischem Blickwinkel ergibt sich das Problem, dass Projekte als befristete Vorhaben instabile Elemente in prinzipiell auf Dauer angelegten Systemen sind. Bei der Gestaltung ist zwischen organisatorischen Lösungen abzuwägen, die den Projektanforderungen entsprechen (und eine effiziente Projektabwicklung begünstigen) oder eine

Projektbearbeitung auf Basis der bestehenden organisatorischen Regelungen vorsehen (und somit, tendenziell zu Lasten der Projekteffizienz, auf deren stabilisierende Wirkung setzen). Zudem ist zu beachten, dass die Bearbeitung von Projekten oft die Mitarbeit verschiedener Bereiche des Unternehmens verlangt (vgl. Frese/Graumann/Theuvsen (2012), S. 489 f.).

Maßnahmen im Bereich der Projektorganisation bilden häufig ein wesentliches Element der *Sekundärorganisation* des Unternehmens. Hierunter sind Regelungen zu verstehen, die die grundlegenden Organisationsregelungen zur Arbeitsteilung und Koordination („Primärorganisation") ergänzen oder überlagern.

Für die organisatorische Gestaltung ist zudem die Differenzierung zwischen formaler und informaler Organisation von Interesse (vgl. Vahs (2015), S. 118 ff.). Die *formale Organisation* ist das Ergebnis eines geplanten Handelns von offiziell legitimierten Personen (bezüglich der Festlegung von Zuständigkeiten, Stellen, Abteilungen, Abläufen etc.); sie wird z.B. im Organisationshandbuch oder in einem Organigramm (schaubildliche Darstellung der Aufbauorganisation eines Unternehmens) erfasst (und z.T. auch publiziert). Die *informale Organisation* umfasst Regeln und Beziehungen, die Mitglieder des Unternehmens aufgrund individueller oder gruppenbezogener Erfahrungen oder Bedürfnisse entwickeln, um formale Regeln z.B. zu konkretisieren oder zu verändern oder überhaupt diesbezügliche Lücken zu schließen.

Beispiele für die – von Dritten grundsätzlich nur schwierig zu erfassenden – Erscheinungsformen informaler Organisationselemente und Beziehungen sind *informale Kommunikation* (Austausch persönlicher, nicht-betrieblicher Informationen zwischen Mitarbeitern oder Austausch betrieblicher Informationen jenseits der vorgesehenen Kommunikationswege („Flurfunk")), *informale Normen* (Abstimmung von Verhaltenserwartungen in formalen oder informalen, also nicht „offiziell" formierten Gruppen zur Regulierung des Verhaltens der Gruppenmitglieder untereinander sowie gegenüber formalen Regeln) und *informale Führer* (die Autorität aufgrund ihrer Persönlichkeit oder ihrer fachlichen Kompetenzen besitzen). Dass derartige Phänomene existieren bedeutet, dass die offiziellen organisatorischen Gegebenheiten nicht mit den tatsächlichen Verhältnissen im Unternehmen identisch sind. Für eine umsichtige, auf die Beeinflussung der faktischen Gegebenheiten zielende Organisationsgestaltung ist die Kenntnis der Ausprägungen der informalen Organisation von hoher Bedeutung. Sie ist eng mit der *Kultur von Unternehmen* (Organisations-, Unternehmenskultur) verbunden; teilweise werden die angeführten Elemente auch als Bestandteile der Kultur verstanden.

Die in arbeitsteiligen Einrichtungen herrschende *Kultur* wird als eine Größe beschrieben, die das Verhalten der Mitglieder in diesen Systemen zwar in der Regel informal, aber gleichwohl nachhaltig prägt (vgl. z.B. Pflesser (1999)). Deshpandé/Webster (1989), S. 4 (im Orig. hervorgehoben), definieren Organisationskultur als „pattern of shared values and beliefs that helps individuals understand organizational functioning and thus provide them with the norms for behavior in the organization." Schein (1983), S. 14, kennzeichnet das Phänomen mit Blick auf dessen Bewährung als „pattern of basic assumptions that a given group has invented, discovered, or developed in learning to cope with its problems of external adaption and internal integration – a pattern of assumptions that has worked well enough to be considered valid, and, therefore, to be taught to new members as the correct way to perceive, think, and feel in relation to those problems." Zudem werden als Ebenen der Kultur von *Schein* noch Werte und Artefakte unterschieden.

In der Regel wird die Unternehmenskultur als prinzipiell bewährtes und zumindest teilweise unbewusst wirkendes, erfahrungsabhängiges Geflecht von Überzeugungen, Werten, Normen etc. von den Mitgliedern des arbeitsteiligen Systems nicht reflektiert und in Frage gestellt (und kann daher in der Regel auch nur schwierig verändert werden). Für die Implementierung von Strategien und Handlungskonzeptionen und das Verständnis der Verhaltensweisen der Angehörigen des Unternehmens ist die Kenntnis der aktuellen Kultur und die Interaktion mit den organisatorischen und weiteren Entscheidungsfeldern (z.B. Mitarbeiterführung und Personalpolitik) von hoher Bedeutung. Wenn die die Unternehmenskultur prägenden Überzeugungen und Werte z.B. geeignet sind, das Verhalten der Mitarbeiter auch unterschiedlicher Bereiche und Funktionen im Unternehmen in eine gewünschte Richtung zu lenken, erleichtert dies die organisatorische Koordination oder lässt sie sogar entbehrlich werden.

Im Rahmen der Gestaltung der Organisation (sowohl als erstmalige Schaffung organisatorischer Regelungen als auch im Falle ihrer Änderung durch Reorganisationen) ist es zweckmäßig, leistungsfähige *Entscheidungsprozesse* als Grundlage für eine *rationale, situationsadäquate organisatorische Entscheidungsfindung* zu entwickeln, die neben den Oberzielen des Unternehmens Belange der Mitarbeiter, Stakeholder etc. einbeziehen. Es ist plausibel, dass sich die Aufgaben der organisatorischen Gestaltung besser bewältigen lassen, „wenn der Gestaltungsprozeß selbst einer systematischen Gestaltung unterworfen wird. Dies geschieht .. dadurch, daß Arbeitsteilung und Koordination im Gestaltungsprozeß geregelt und die Träger der Gestaltungsaufgaben bestimmt werden. Das Ergebnis ist eine Organisation auf Zeit, innerhalb der sich der organisatorische Gestaltungsprozeß vollzieht" (Grochla (1982), S. 26; im Orig. z.T. hervorgehoben). Die spätere Diskussion von *Reorganisationen* (und Ansätzen des Change Management) zur gezielten Herbeiführung organisatorischer Änderungen geht näher auf einschlägige Phasenmodelle ein, die sich am oben bei der Darstellung des funktionalen Organisationsbegriffs angeführten Ansatz (Analyse des organisatorischen Problemfeldes, Ableitung und Bewertung von Handlungsoptionen, Auswahl und Umsetzung der gewählten Organisationsalternative) orientieren können.

2.2. Organisatorische Entscheidungsfindung

Vor dem Hintergrund eines geeigneten Prozessablaufs sind zwei Teilaufgaben bei der Begründung eines geeigneten *Ansatzes zur organisatorischen Entscheidungsfindung* zu bewältigen: Einerseits sind möglichst überschneidungsfreie und praktikabel handhabbare organisatorische Entscheidungsbereiche und Handlungsparameter für das Unternehmen festzulegen und andererseits Bewertungs- bzw. Entscheidungskriterien als Bezugspunkte für eine nachvollziehbare Auswahl von Handlungsalternativen zu bestimmen.

Die folgende Übersicht zeigt die wesentlichen *organisatorischen Entscheidungsbereiche*, die als grundsätzlich unabhängig angesehen werden können (Abb. 4):

Entscheidungsbereich	Gegenstand
Spezialisierung	Prinzipien und Intensität der Arbeitsteilung
Konfiguration	Hierarchische Beziehungen
Dezentralisierung (Entscheidungsdelegation)	Zuordnung von Entscheidungsbefugnissen auf Stellen unterer Hierarchieebenen
Koordination	Abstimmung von Einzelmaßnahmen zur Realisierung des Gesamtziels
Prozessgestaltung	Abläufe im arbeitsteiligen Gebilde

Abbildung 4: Entscheidungsbereiche im Rahmen der Organisationsgestaltung

Während die ersten vier Entscheidungsbereiche die Aufbauorganisation (ab-) bilden (vgl. Kieser/Kubicek (1992), S. 73 f.), beinhaltet der fünfte Bereich die ablauforganisatorischen Bezüge der Konzeption. Die angeführten Gestaltungsbereiche sind näher zu erläutern (vgl. Faix (2010), S. 20 ff.):

Die *Spezialisierung* betrifft die Auswahl und Anwendung der Prinzipien, nach denen die Aufgaben der arbeitsteiligen Einheit zerlegt und zu bearbeitbaren Aufgabenkomplexen zusammengefasst und verdichtet werden (Bildung von Stellen, Zusammenführung zu Abteilungen, Geschäftsbereichen etc.). Durch spezialisierte Akteure und Teileinheiten im Unternehmen sollen Lern- und Übungseffekte bewirkt werden, die die Effizienz der Aufgabenerfüllung verbessern. Gesichtspunkte einer Spezialisierung können die Art und der Umfang (Grad) sein.

Die Bestimmung der *Art der Spezialisierung* basiert im Regelfall auf funktionsorientierten (Zusammenfassung gleichartiger Verrichtungen zu Aufgabenkomplexen) oder objektorientierten Prinzipien (Zusammenfassung von Aufgaben, die homogen in Bezug auf ein Objekt – z.B. „Produkt" – sind). Die Art der Spezialisierung bestimmt maßgeblich die Struktur der *Interdependenzen*, die als arbeitsbezogene Abhängigkeiten zwischen den Teileinheiten des Unternehmens zu verstehen sind. Im entscheidungsorientierten Sinne (bezogen auf nicht-hierarchische, also horizontale Beziehungen im Unternehmen) nimmt ihre Definition auf die Konsequenzen für andere Stellen Bezug: „Die Entscheidung der Einheit A begründet eine Interdependenz, wenn sie bei ihrer Realisation das Entscheidungsfeld der Einheit B, d.h. die Ressourcensituation, die interne Umwelt, oder den externen Markt der Einheit B, zielrelevant verändert" (Frese/Graumann/Theuvsen (2012), S. 113). Es können *sequenzielle Interdependenzen* (auf Basis hintereinander angeordneter Einheiten, die innerbetriebliche Leistungsverflechtungen aufweisen, so dass das Ergebnis einer Stelle A den Input einer Stelle B bildet) und auf der *Überschneidung von Entscheidungsfeldern beruhende Interdependenzen* unterschieden werden. Letztere sind vor allem als Ressourceninterdependenzen (Folge der gemeinsamen Nutzung knapper Ressourcen durch Organisationseinheiten) und Marktinterdependenzen (Angebot von (substitutiven) Leistungen durch zwei Sparten des gleichen Unternehmens an die gleichen Käufer, Möglichkeiten zur Bündelung von Produkten unterschiedlicher Sparten des Unternehmens zu Systemangeboten) zu kennzeichnen (vgl. Frese/Graumann/Theuvsen (2012), S. 113 ff.).

Die Ausgestaltung der hierarchischen Beziehungen im Unternehmen (zur Bestimmung der *Konfiguration*) behandelt in erster Linie die Festlegung von *Weisungs- und Entscheidungsbefugnissen und -beziehungen* im Unternehmen. Es ist zu beachten, dass damit zwei unterschiedliche Befugnisarten angesprochen sind: Während die Entscheidungsbefugnis das Recht bedeutet, für das Unternehmen nach innen oder außen verbindliche Wahlakte vorzunehmen, stellt die Weisungsbefugnis das Recht dar, anderen Stellen vorzugeben, welche Aktivitäten bei der jeweiligen Aufgabenerfüllung durchzuführen sind. Die weiteren Ausführungen betonen die *Weisungsebene*, die allerdings oftmals nicht streng von der Entscheidungsebene abgetrennt werden kann.

Die mit der Zuordnung von Weisungs- und Entscheidungsrechten verbundene Festlegung von *Stellentypen* und die Tiefe der Untergliederung prägen die äußere Form des

Stellengefüges des Unternehmens und damit auch dessen Abbildung etwa in Form eines Organigramms. Wesentliche Handlungsoptionen sind insbesondere Leitungsstellen (Stellen mit Entscheidungs- bzw. Weisungsbefugnissen, Instanzen) und Stabsstellen (Stellen zur Unterstützung, Beratung, Entscheidungsvorbereitung u.ä.). Wird ein einheitliches Leitungssystem, bei dem nachgeordnete Stellen lediglich von einer übergeordneten Instanz Anweisungen erhalten (*Einliniensystem*) um Stäbe ergänzt, entsteht ein *Stab-Liniensystem*. Im Unterschied zum Einliniensystem erhalten in einem *Mehrliniensystem* nachgeordnete Stellen von mehreren Instanzen Weisungen; derartige Regelungen können aber auch nur Ausschnitte des Unternehmens betreffen.

Eine wichtige Anforderung bei jeder Stellenbildung ist die Einhaltung des *Kongruenzprinzips*, nachdem die übertragenen Aufgaben, Verantwortungen und Kompetenzen (Befugnisse) für einen Stelleninhaber übereinstimmen sollen (vgl. Vahs (2015), S. 64). Die grundlegenden Aussagen des Prinzips vermittelt die folgende Abbildung 5.

Abbildung 5: Kongruenzprinzip der Organisationsgestaltung
Quelle: Mit geringfügigen Änderungen übernommen von Klimmer (2011), S. 52.

Werden z.B. Aufgabenzuständigkeiten an Stelleninhaber ohne ausreichende Befugnisse zum Vollzug übertragen, wird eine Aufgabenerfüllung regelmäßig nicht möglich sein; werden z.B. Verantwortungen zugewiesen, ohne dass konsequente Entsprechungen auf der Ebene der Aufgaben und Befugnisse erfolgen, ist die Gefahr groß, dass „Sündenböcke" geschaffen werden usw.

Mit den diesbezüglichen Festlegungen zur Weisungs- bzw. Entscheidungsstruktur korrespondieren weitere organisatorische Parameter wie die Zahl der Hierarchieebenen oder die Höhe der Leitungsspanne.

Unter dem Aspekt der umfangmäßigen Verteilung von Entscheidungskompetenzen ist die *Entscheidungsdelegation* zu sehen (vgl. Kieser/Kubicek (1992), S. 153 ff.). Eine Delegation von Entscheidungskompetenzen bedeutet eine Zuordnung von Entscheidungsbefugnissen auf Stellen unterer Hierarchieebenen. Sie erfasst vor allem *inhaltliche* und *intensitätsmäßige* Ausprägungen von Befugnissen (und füllt die im Rahmen der Konfiguration grundsätzlich festgelegten Beziehungen zwischen Stelleninhabern in diesem Sinne aus). Die Delegation als eigentlicher Prozess der Übertragung führt zur *Dezentralisierung* von Entscheidungsbefugnissen im Unternehmen (und vice versa). Delegation und Dezentralisierung stehen seit geraumer Zeit im Blickpunkt des Managements, das die Reaktionsfähigkeit des Unternehmens unter schwierigen, oftmals turbulenten Umweltbedingungen aufrechtzuerhalten oder zu fördern sucht.

Die Regelungen zur *Koordination* nutzen und gestalten – auch unter Einbeziehung von Instrumenten, die wie z.B. Planung und Unternehmenskultur andere Aktionsbereiche des Managements berühren – Maßnahmen zur *Ausrichtung bzw. Abstimmung der Einzelmaßnahmen, die zur Realisierung des unternehmerischen Gesamtziels bzw. übergreifender Ziele* dienen sollen. Das Erfordernis zur Koordination ergibt sich aus der Arbeitsteilung im Unternehmen, die in vertikaler Sicht Hierarchien und in horizontaler Betrachtung gleichgeordnete Stellen, Abteilungen, Bereiche u.ä. entstehen lässt. Da die Aktivitäten der arbeitsteilig agierenden Organisationseinheiten im Regelfall nicht ohne Weiteres im Einklang stehen, müssen sie durch besondere Vorkehrungen – z.B. Regelungen zum Informationsaustausch, zur kollektiven Entscheidungsfindung, zur Nutzung vorgegebener Programme – abgestimmt und auf einen gemeinsamen Bezugspunkt hin ausgerichtet werden. Passend definiert Brockhoff (1994), S. 5: „Koordination ist die Regelung von Interaktionen und Informationen zur zielgerichteten Erfüllung der Gesamtaufgabe bei Arbeitsteilung." Koordination kann grundsätzlich eine *vorausschauende* Abstimmung geplanter Aktivitäten (Feed forward-Koordination) oder eine *Reaktion* auf Störungen im Betriebsgeschehen (Feed back-Koordination) sein.

Die *Prozessgestaltung* betrifft die Regelung der Abläufe im arbeitsteiligen Gebilde (Festlegung zeitlich-räumlicher und stellenbezogener Eigenschaften von Prozessen, z.B.

Start und Dauer von Aufgabenbearbeitungen, Nutzung von Informationen, Betriebsmitteln u.ä., Anforderungen an das Vorgehen im Falle der Überbrückung von Schnittstellen etc.). Hierbei kann die Ausfüllung der verbleibenden Spielräume der Aufbauorganisation (verbunden mit einer gegebenenfalls nicht ausreichenden Betrachtung übergreifender Abläufe) im Mittelpunkt stehen oder aber ein originärer, dominierender Gestaltungsansatz des Ablaufgeschehens entwickelt werden, der Strukturkonsequenzen nach sich zieht. In vielen Branchen hat der Stellenwert der *Prozessorientierung* als konsequente Ausrichtung der Entscheidungsträger an den Möglichkeiten und Erfordernissen von (stellen- und abteilungsübergreifenden) Geschäftsprozessen in jüngerer Zeit stark zugenommen. Dies verdeutlichen besipielsweise Dombrowski/Grundei/Melcher et. al. (2015), S. 63 ff., die Ergebnisse einer Befragung zur aktuellen Verbreitung der Prozessorientierung in deutschen Unternehmen vorstellen.

Die organisatorischen Regelungen, die die *internen* (z.B. zwischen verschiedenen Funktionsbereichen bestehenden) *Schnittstellen* des Unternehmens und seine *externen Schnittstellen* (z.B. zu Handelspartnern, Logistikdienstleistern) betreffen, nutzen teilweise die gleichen organisatorischen Instrumente (zur Koordination, Festlegung von Weisungsbeziehungen etc.).

Die zweite Teilaufgabe für die organisatorische Entscheidungsfindung besteht in der *Bestimmung von Bewertungs- bzw. Entscheidungskriterien* als Grundlage für eine nachvollziehbare, akzeptanzfördernde Auswahl von Handlungsalternativen. Eine Bewertung organisatorischer Maßnahmen bedeutet aus Sicht einer betriebswirtschaftlichen Entscheidungstheorie, die an der Optimierung des Oberziels des Unternehmens orientiert ist, unter den vorliegenden (machbaren) Alternativen diejenige zu ermitteln, die den höchsten Beitrag zur Erreichung des übergeordneten Unternehmensziels (z.B. Gewinnmaximierung, Maximierung des Unternehmenswertes) leistet. Dazu müssen die Wirkungen der Organisationsmaßnahmen auf dieses Ziel vollständig und hinreichend genau erfassbar sein. Stellt man aber z.B. die Frage, wie sich der Unternehmensgewinn oder der Wert des Unternehmens ändert, wenn eine funktionale durch eine produktorientierte Organisation ersetzt oder eine Hierarchieebene aus der Unternehmensorganisation entfernt wird, wird deutlich, dass das entstehende Beurteilungsproblem sehr komplex ist. Denn die angeführten Größen sind nicht nur von organisatorischen Maßnahmen, sondern von vielen anderen Faktoren (z.B. Verhalten der Wettbewerber und Kunden, Konjunktur, Verhalten staatlicher Stellen) abhängig, deren Einflüsse kaum abgegrenzt und quantifiziert werden können.

Anstatt den Versuch zu unternehmen, die Wirkungen organisatorischer Maßnahmen dem Oberziel direkt zuzurechnen, bedient man sich daher des Umweges über Hilfsgrößen, nämlich *Subziele*. Subziele werden unter Rückgriff auf Zielhierarchien aus Oberzielen entwickelt und sollen als operationale Beurteilungsmaßstäbe die Entscheidungsfindung unterstützen. Legt man z.B. das Oberziel „Wert des Unternehmens" zugrunde, ließen sich als prinzipiell taugliche Subziele mit organisatorischen Bezügen z.B. „Zufriedenheit der Kunden" und „Arbeitsproduktivität" verwenden, die z.B. durch Angabe von konkreten Skalen zur Zufriedenheitsmessung und Produktivitätskennziffern (z.B. Output Produkt X / Zahl der hierfür eingesetzten Arbeitsstunden; jeweils auf eine Periode bezogen) messbar gemacht (operationalisiert) werden können. Wird bei Subzielen auf Input-Output-Relationen – wie die angeführten Produktivitätskennziffern – Bezug genommen, spricht man auch von *Effizienzkriterien*. Eine wesentliche Anforderung an ein Bewertungskriterium ist, dass dessen Verfolgung die Erreichung des übergeordneten Zieles fördert, also diesbezüglich eine Mittel-Zweck-Beziehung vorliegt. Dies sollte in den gegebenen Beispielen der Fall sein, da sich etwa ein Anstieg der Kundenzufriedenheit über die folgenden – kostensenkenden und erlöstreibenden – Loyalitätseffekte in der Regel günstig auf den Gewinn und auch den Wert des Unternehmens auswirkt. Für ein System von Kriterien gilt die Forderung, dass dieses die Wirkungen, die von Organisationsmaßnahmen auf das übergeordnete Ziel ausgehen, vollständig erfasst. Die Einzelkriterien sollen nach Möglichkeit voneinander unabhängig sein, um bei ihrer Anwendung keine verzerrenden Effekte hinnehmen zu müssen. Konkrete Subziele bzw. Bewertungskriterien zur Abwägung organisatorischer Gestaltungsmaßnahmen sind z.B. die möglichst vollkommene Nutzung vorhandener Ressourcen, die Berücksichtigung von Interdependenzen zwischen den Teilbereichen eines Unternehmens oder die Gewährleistung hoher Flexibilität gegenüber Umweltänderungen.

Zur Ausrichtung der Beurteilungen an den *Ursachen für nachhaltige Erfolge von Unternehmen* werden im Rahmen der weiteren Diskussion

- Koordinationsfähigkeit
- Marktorientierung
- Wirtschaftlichkeit der Ressourcennutzung
- Motivation der Mitarbeiter

als organisatorische Bewertungskriterien verwendet (vgl. Faix/Schütz (2002)). Die *Koordinationsfähigkeit* erfasst, ob bzw. inwieweit eine organisatorische Lösung eine umfassende, rasche Abstimmung der Einzelaktivitäten eines Unternehmens (im *vorausschauenden* oder *reaktiven* Sinne) ohne größere Reibungsverluste erlaubt.

Die *Marktorientierung* zeigt auf, ob die Organisation – etwa durch Aufgabenspezialisierungen, die eine angemessene gedankliche Orientierung der Mitarbeiter begünstigen – eine treffsichere, schnelle Ausrichtung des Unternehmens auf die Bedingungen seiner aktuellen und künftigen Absatzmärkte (im Hinblick auf Kundenbedürfnisse – und damit die Wahrnehmung sich bietender Erfolgschancen – und die Verhaltensweisen der Wettbewerber des Unternehmens) unterstützt. Angesichts der zentralen Bedeutung von Informationsprozessen für das marktgerichtete Verhalten des Unternehmens ist es zweckmäßig, hierbei näher zu beurteilen, ob bzw. inwieweit die Gewinnung, Verbreitung und Nutzung von marktbezogenen Informationen – in diesem Sinne verstehen Kohli/Jaworski (1990), S. 1, den Begriff „Marktorientierung" – durch organisatorische Maßnahmen gefördert werden.

Das Kriterium der *Wirtschaftlichkeit* thematisiert, ob bzw. inwieweit die gewählte Organisation zu einer umfassenden, effizienten Ressourcennutzung – insbesondere durch Zusammenfassung gleicher oder ähnlicher Ressourcen („Ressourcenpoolung") beiträgt und nicht z.B. durch Mehrfachzuordnungen von Ressourcen zu Stellen oder Abteilungen unerwünschte Unterauslastungen und der Verzicht auf die konsequente Ausschöpfung von Economies of scale zu verzeichnen sind.

Schließlich überprüft die *Motivation* die organisationsbedingte Förderung oder Hemmung der Bereitschaft der Mitarbeiter des Unternehmens, sich für die Ziele des Unternehmens einzusetzen. Die generalisierende Beurteilung der Motivationswirkungen einer Organisation auf das Mitarbeiterverhalten ist angesichts erheblicher interindividueller Unterschiede im Hinblick auf dieses Konstrukt grundsätzlich schwierig. Mögliche Anknüpfungspunkte für eine Argumentation bieten das Ausmaß an Eigenverantwortung für die Mitarbeiter (die z.B. durch Delegation gefördert werden kann), die Beurteilung, ob bzw. inwieweit eine Übertragung abgeschlossener, überschaubarer Aufgabenkomplexe erfolgt (um eine Orientierung an den Bezugsobjekten und die Formulierung von Anreizen zu erleichtern) oder die Intensität der Konflikte, die mit organisatorischen Regeln (etwa im Zuge der Abstimmung von Interdependenzen) einhergehen (vgl. Frese/Graumann/Theuvsen (2012), S. 283 ff.).

Die angeführten Bewertungskriterien stehen in einer *systematischen Beziehung zur Erfolgserzielung von Unternehmen*, da erfolgreiche Unternehmen nicht darauf verzichten, leistungsfähige Abstimmungen der Aktivitäten und eng auf die Erfassung und Ausnutzung von Marktchancen ausgerichtete Informations- und Entscheidungsprozesse zu realisieren; zudem werden knappe Ressourcen effizient genutzt und Anstrengungen zur Motivations- und Zufriedenheitsförderung der Mitarbeiter unternommen. In einschlägigen empirischen Erfolgsfaktorenuntersuchungen spielen die angeführten Faktoren stets eine bedeutende Rolle (vgl. z.B. Büchler/Faix (2015)). Gleichwohl können in Abhängigkeit von der konkreten unternehmensrelevanten Konstellation *Orientierungen an weiteren oder anderen Faktoren* (z.B. organisationaler Zugang zu technologischem Know-how) oder *situative* Gewichtungen des Stellenwertes der maßgeblichen Kriterien geboten sein.

Bei der Bearbeitung organisatorischer Bewertungsprobleme kann es vorkommen, dass eine Organisationsmaßnahme sowohl durch günstige wie auch ungünstige Ausprägungen von Bewertungskriterien oder aber organisatorische Alternativen durch wechselseitige Vor- und Nachteile gekennzeichnet sind, so dass nicht unmittelbar eine Entscheidung bezüglich der zu bevorzugenden Maßnahme ergibt. In derartigen Fällen sind – im Einklang mit dem „Situativen Ansatz" – *Gewichtungen* der Bewertungskriterien erforderlich, die zum Ausdruck bringen, welchem unter mehreren konkurrierenden Beurteilungsgesichtspunkten in einer bestimmten Situation Priorität zukommen soll. Bei derartigen Überlegungen spielt die (Wettbewerbs-) *Strategie* des Unternehmens eine zentrale Rolle, da sie in besonderer Weise die zu priorisierenden Anforderungen an das Unternehmen festlegt. So bedeutet die Verfolgung einer Kostenführerschaft als Wettbewerbsstrategie (Geschäftsfeldebene), dass alle Bereiche der Wertkette ihre Funktionen mit vergleichsweise niedrigen Kosten realisieren müssen; in einer solchen Konstellation werden auch organisatorische Lösungen daraufhin überprüft, inwieweit sie zu einem wirtschaftlichen Ressourceneinsatz beitragen und mit niedrigen Organisationskosten (z.B. für Koordinationsmaßnahmen) verbunden sind. In jüngerer Zeit wird die (zunehmende) *Digitalisierung von Prozessen und Produkten* des Unternehmens als bedeutsamer, hoch gewichteter Einflussfaktor verstanden (vgl. Faix/Büchler (2016), S. 8).

Werden vom Unternehmen *Innovationen* (neue Produkte oder Verfahren) angestrebt (vgl. Büchler/Faix (2015)), sind regelmäßig neue Aktivitäten und Fähigkeiten zu entwickeln, um Neuheiten erfolgreich gestalten und realisieren zu können („Exploration"). Gleichzeitig müssen Unternehmen jedoch ihre bestehenden Aktivitäten und Fähigkeiten zumindest auf einem bestimmten Niveau aufrechterhalten, um in ihren angestammten Geschäften weiterhin erfolgreich zu arbeiten („Exploitation"; vgl. March (1991)). Das resultierende Spannungsverhältnis wird mit dem Begriff „Ambidextrie" beschrieben, der die „Beidhändigkeit" im Hinblick auf die beiden sich teilweise widersprechenden Erfordernisse zum Ausdruck bringt – er stellt an die Unternehmensorganisation hohe Anforderungen (vgl. Arbeitskreis „Organisation" (2017), S. 83 ff. und Faix/Frese (2018) mit einem konkreten Unternehmensbeispiel).

Kommt es zur *Änderung (formaler) organisatorischer Regeln*, zur Etablierung neuer organisatorischer Lösungen (z.B. Einrichtung einer produktbezogenen statt einer funktionalen Organisation) kann ebenfalls von „Implementierung" die Rede sein, womit „das Verankern neuer Regelungen in einer Institution" (Kolks (1990), S. 77) gemeint ist. Dabei ist zu beachten, dass „(d)as Verankern ... über die bloße Anordnung, neue Regelungen anzuwenden, hinaus(geht). Problemlösungsvorschläge sind so auszuarbeiten, daß sie mit der betroffenen Institution verträglich sind" (Kolks (1990), S. 77). Das Implementierungsvorgehen umfasst zwei *Hauptaufgaben*, nämlich die Schaffung von Akzeptanz bei den Betroffenen und die Überführung der Akzeptanz in konkrete Handlungsweisen (vgl. Hilker (1993), S. 13). Diesen Aufgaben entsprechen Durchsetzungsziele, die das Schaffen (oder Fördern) der Akzeptanz (vor allem durch Ausrichtung der Anreize und einer eingehenden Informationspolitik des Unternehmens) betreffen und Umsetzungsziele, die sich auf Maßnahmen zur Unterstützung des Handelns beziehen (z.B. durch Spezifizierung global formulierter Vorgaben, aber auch Anpassung der Unternehmenspotenziale; vgl. Kolks (1990), S. 108 ff.; Narver/Slater/Tietje (1998), S. 245 f.).

Weil die Implementierung letztlich menschliches Verhalten betrifft, ist es zur Strukturierung von Implementierungsproblemen zweckmäßig, auf verhaltenswissenschaftliche Erkenntnisse (z.B. Theorien der Leistungsmotivation) zurückzugreifen. Derartige Erkenntnisse können unter Rückgriff auf veränderungsrelevante Ablaufkonzepte (z.B. das von Lewin (1963) eingeführte Schema mit den Phasen „unfreezing", „moving" und „refreezing") geordnet und angewendet werden. Vereinfachend kann menschliches Verhalten als eine Funktion der Fähigkeiten und Fertigkeiten (Können) und der Motivation zum Handeln (Wollen) aufgefasst werden; notwendig für eine Verhaltenssteuerung ist jedoch, dass zunächst das Ziel des Handelns bekannt ist und dieses verstanden wird (Kennen und Verstehen; vgl. Hilker (1993), S. 13). Hiernach ist bei einer Implementierung anzustreben, dass die Betroffenen den Inhalt des Objektes sowie Ziel und Teilaufgaben des Vorgehens zur Implementierung kennen und verstehen (und nicht z.B. wenig nachvollziehbare Vorgehensweisen Widerstände provozieren), sie den Gegenstand der Implementierung (aufgrund gegebener oder geschaffener Fähigkeiten) realisieren können und die Betroffenen das Objekt und die darauf gerichtete Vorgehensweise anwenden wollen (also z.B. durch bestimmte Anreize eine hinreichende Motivation zur Nutzung des Gegenstandes vorliegt; vgl. Hilker (1993), S. 14.). Etwas weit reichender kann die Aufgabe so gefasst werden, dass eine günstige Einstellung gegenüber dem Gegenstand (z.B. einer neuen Organisationsform) entstehen soll. Bereits Knopf (1976) findet in einer empirischen Untersuchung Beziehungen zwischen dem Implementierungserfolg und den Einstellungen der Mitarbeiter. In vorliegenden Kontext ist Implementierung Teil einer *Reorganisation*, eines Reorganisationsprozesses im Unternehmen.

Reorganisationen sind prinzipiell umfassende, tiefer greifend angelegte Veränderungen der (struktur- oder ablauforientierten) organisatorischen Regeln des Unternehmens, die eine üblicherweise stattfindende kontinuierliche (in kleineren Schritten) verlaufende Weiterentwicklung der Unternehmensorganisation unterbrechen. Sie bezwecken als grundsätzlich diskontinuierlich zu verstehende Veränderungen – die im Weiteren auf Merkmale der Organisation im instrumentellen Sinne bezogen werden – Anpassungen an geänderte Ziele oder weitere Bedingungslagen des Unternehmens. Auch diese Vorgänge sind durch besondere organisatorische Vorkehrungen (z.B. Einsatz einer Projektorganisation) abzusichern.

Die mit Implementierungen grundsätzlich angesprochenen Aktivitäten können in das übergreifende Aufgabengebiet des *Change Management* („Wandlungsmanagement") eingeordnet werden (vgl. umfassend z.B. Krüger (Hrsg.) (2006)). In diesem Sinne kann auch eine Reorganisation in den Aufgabenbereich des Change Management fallen. Beim Change Management geht es im Kern um die Frage: „Wie können Unternehmungen den Herausforderungen eines sich ständig wandelnden Umsystems begegnen und durch ein pro- und reaktives Vorgehen ihr langfristiges Überleben und ihre Zielerreichung sichern?" (Thom (1995), S. 871). Handlungen des Change Management betreffen sowohl in einem enger abgesteckten Rahmen (z.B. Gestaltung eines veränderten Vergütungssystems für das mittlere Management) als auch in einem umfassenden Kontext zu realisierende Änderungen unternehmerischer Parameter (z.B. Erwerb eines neuen Unternehmensteils und Integration der Mitarbeiter und weiterer Potenziale unter Berücksichtigung führungs-, organisations-, kulturbezogener sowie informationstechnologischer Maßnahmen), um eine Entsprechung der Unternehmenspotenziale mit den Anforderungen der allgemeinen oder marktlichen Umwelt zu schaffen oder zu bewahren.

2.3. Wissensbasis der Organisationsgestaltung

Für die Gestaltung der Organisation sind *organisationstheoretische Ansätze* als *Wissens- bzw. Erfahrungsquelle* für die einschlägige Praxis verfügbar; die Auseinandersetzung hiermit kann eigene Erfahrungen der Entscheider ergänzen oder beeinflussen. Grundsätzlich dienen Ansätze der Organisationstheorie dazu, das Entstehen und das Bestehen, die Zielsetzungen, inneren Funktionsweisen und Wirkungen von Organisationen zu verstehen bzw. zu erklären. Allerdings existiert – aufgrund unterschiedlicher methodologischer Positionen, Streitfragen über Erkenntnisobjekte, Perspektiven, Leitbilder u.a. in der Organisationslehre – eine größere Vielfalt organisationstheoretischer Ansätze, die zudem nicht einmütig gegliedert werden (vgl. Schreyögg (2008), S. 27).

Eine gängige *Systematisierung* organisationstheoretischer Ansätze unterscheidet (im Wesentlichen anhand der zeitlichen Abfolge der Entstehung) die Klassische – zu der auch die oben vorgestellte *Betriebswirtschaftliche Organisationslehre* gehört – und die Neoklassische Organisationstheorie sowie Moderne Organisationstheorien, denen die folgende Übersicht die zentralen Ansätze zuordnet (vgl. Abb. 6).

Klassische Ansätze	Neoklassische Ansätze	Moderne Ansätze
• Bürokratieansatz • Administrativer Ansatz • Arbeitswissenschaftlicher Ansatz	• Human-Relations-Ansatz • Anreiz-Beitrags-Theorie	• Human-Ressourcen-Ansatz • Strukturalistischer Ansatz (Kontingenzansatz) • Organisatorische Entscheidungsforschung • Mikroökonomische Organisationsanalyse • Symbolischer Ansatz • Systemtheoretischer Ansatz

Abbildung 6: Entwicklungslinien und Ansätze der Organisationstheorie
Quelle: Mit geringfügigen Änderungen übernommen von Schreyögg (2008), S. 29.

Da das Interesse der vorliegenden Ausarbeitung auf Erkenntnisse zu organisatorischen Fragestellungen aus Sicht einer allgemeiner angelegten (und entscheidungsorientierten) Unternehmensführung bezogen ist, wird auf eine vollständige, umfängliche Behandlung der gezeigten Ansätze verzichtet (vgl. ausführlich z.B. Wolf (2008), S. 59 ff.; Schreyögg (2008), S. 29 ff.; Vahs (2015), S. 25 ff.). Im Blickpunkt stehen vielmehr Ansätze mit Bezug zu den Fragen: *Wie kommen Gestaltungsentscheidungen im organisatorischen Bereich zustande? Welche Faktoren werden bei der Initiierung (re-) organisatorischer Prozesse, der Auswahl organisatorischer Lösungen und ihrer Verankerung im Unternehmen beachtet? Welche Wirkungen gehen von organisatorischen Regeln aus und können Grundlage für zielorientierte Bewertungen organisatorischer Konzeptionen sein?*

Vor diesem Hintergrund werden im Weiteren die Grundzüge einiger jüngerer, moderner organisationstheoretischer Ansätze vorgestellt, wobei zunächst die (allgemeinere) *Entscheidungsforschung* zur Aufhellung des prinzipiellen Zustandekommens von Entscheidungen und der maßgeblichen Einflüsse im Mittelpunkt steht. Ausgehend von Modellen klassisch-rationaler Entscheidungsfindung werden Ansätze beschränkt rationaler Wahl

("Bounded rationality"), Entscheidungen in „organisierte Anarchien" sowie die Rolle „mentaler Modelle" angesprochen.

Modelle klassisch-rationaler Entscheidungsfindung (vgl. etwa v. d. Oelsnitz (1999), S. 104 ff.) gehen auf Basis des Verständnisses, das die mikroökonomische Theorie für das menschliche Entscheidungsverhalten kennzeichnet, von rationalen Entscheidern aus. Diese lösen – ohne Einflüsse von Interessengruppen, politischen Sachzwängen u.ä. zu unterliegen – klar definierte Probleme unter Rückgriff auf alle verfügbaren Informationen im Ablauf eines Prozesses, der die Formulierung eindeutiger und widerspruchsfreier Ziele, die Aufstellung der relevanten Entscheidungsalternativen, ihre Bewertung sowie die Auswahl der optimalen Lösung beinhaltet. Die Umsetzung der Entscheidungen ist aufgrund annahmegemäß vorhandener Akzeptanz und rational getroffener Detaillierungen unproblematisch. Es muss nicht näher begründet werden, dass solche Modelle reales Entscheidungsverhalten nur begrenzt abbilden können; gleichwohl können sie als *Referenzgröße* für Alternativkonzepte bedeutsam sein.

Die Ansätze *beschränkt rationaler Wahl* („Bounded rationality") vermitteln mit der Erörterung verschiedener Beschränkungen ein realistischeres Bild von Entscheidungsabläufen in Unternehmen (vgl. z.B. Frost (1997), S. 43 ff.). Wesentliche Beiträge hierzu stammen von *Herbert A. Simon* (siehe z.B. Simon (1957), S. 241 ff.). So zwingt die *begrenzte menschliche Informationsaufnahme- und -verarbeitungskapazität* zu Verhaltensanpassungen, so dass z.B. in Entscheidungsprozessen nur ein Ausschnitt der Alternativen und ihrer Konsequenzen näher untersucht wird. *Psychologische Beschränkungen* in komplexen Problemlösungssituationen wie Verzerrungen und Vereinfachungen können zu einseitigen Bewertungen etablierter Lösungen führen und neuartige Handlungsoptionen benachteiligen. Nicht selten werden Zielformulierungen erst nachträglich aufgestellt, um Alternativen zu begünstigen (Ex-post-Rationalisierung). *Kontextuale Beschränkungen* liegen vor, wenn Lösungen für Entscheidungsprobleme nicht (streng) unter Rationalitätsmaßstäben, sondern danach beurteilt werden, ob sie in einem gegebenen Unternehmenskontext Akzeptanz finden und durchsetzbar sind. *Politische Rationalitätsbeschränkungen* können auf dem Auseinanderfallen individueller und kollektiver Ziele oder Zieldiskrepanzen zwischen verschiedener Gruppen oder Personen im Unternehmen beruhen, die zu Interessenkonflikten führen.

Diese – hier nicht vollständig aufgeführten – „Defizite" können z.B. begründen helfen, warum ein Anlass für eine organisatorische Änderung (etwa eine Verschiebung im Nachfragergefüge, die eine kundenbezogene Organisation nahe legt) nicht berücksichtigt oder eine in bestimmter Hinsicht überlegene Organisationsalternative nicht realisiert wird.

Insbesondere auf Cohen/March/Olsen (1972) geht die Vorstellung zurück, dass Entscheidungen in Unternehmen vor allem durch zufällige, quasi ungeordnete Handlungen zustande kommen. Unternehmen sind hiernach als *organisierte Anarchien* zu verstehen, in denen Entscheidungsprozesse durch das nicht immer planvolle Zusammenwirken von Personen, Problemen, Lösungsvorschlägen und -arenen („Choice opportunity") determiniert werden. Als Bild dient ein Mülleimer (Garbage Can), in dem vielfach losgelöst von tatsächlich problembezogenen Gründen die angeführten Komponenten gesammelt werden; aber nur, wenn diese zeitgleich vorhanden sind, entsteht ein konkreter Entscheidungsakt. *Cohen et al.* regen an, dass „one can view a choice opportunity as a garbage can into which various kinds of problems and solutions are dumped by participants as they are generated. The mix of garbage in a single can depends on the mix of cans available, on the labels attached to the alternative cans, on what garbage is currently being produced, and on the speed with which garbage is collected and removed from the scene" (Cohen/March/Olsen (1972), S. 2). Hieraus leiten sich interessante Anknüpfungspunkte für die Analyse organisationaler Entscheidungsprozesse ab, wenn z.B. machtpolitische Erwägungen herangezogen werden, um das „Aufstellen" von Mülleimern oder den „Einwurf" von Problemen in diese zu erklären.

Auch dieser Ansatz bietet vielfältige Optionen, um z.B. die Nicht-Realisierung einer bestimmten, neuen organisatorischen Handlungsalternative bzw. das Verharren in einem Ausgangszustand zu begründen (Fehlen einer Lösungsarena etc.). Anders gewendet kann die zielorientierte Steuerung der Prozesse und Aktivitäten um den „Mülleimer" als wichtige Aufgabe des organisatorischen Managements verstanden werden. Für die Implementierung von Strategien ist es z.B. potenziell von Bedeutung, strategieorientierte Prozesse aus „anarchischer" Perspektive zu erfassen, um etwaige Defizite zu erkennen, zu begründen und Lösungen zu entwickeln (vgl. Cohen/March/Olsen (1972), S. 2).

Die kognitive Entscheidungsforschung rückt ferner die Rolle *mentaler Prozesse* von Unternehmensmitgliedern, die vor allem bezüglich ihrer Informationsaktivitäten betrachtet werden, ins Zentrum der Analyse von Entscheidungsabläufen (vgl. Schreyögg (2002), S. 41 f.; v. d. Oelsnitz (1999), S. 113 ff.). Die große Bandbreite der Forschungen, die diesem Bereich zugerechnet werden können, äußert sich u.a. in der Vielfalt der behandelten Konzepte, z.B. lassen sich „Cognitive maps", „Interpretative schemes", „Cognitive frameworks" oder die dominante Logik von Prahalad/Bettis (1986) hier einordnen. Auch die Unternehmenskultur kann in diesem Sinne analysiert werden, „stellt doch die Unternehmenskultur im Kern auch ein auf Basisannahmen beruhendes Referenzsystem dar, das die Entscheidungsbildung der Organisationsmitglieder maßgeblich prägt" (Schreyögg (2002), S. 41). Die angeführten Ansätze stellen wesentlich auf *mentale Modelle* ab, die Hypothesen über *Zusammenhänge zwischen Ursachen und Wirkungen* enthalten und als wichtige Voraussetzung für das Funktionieren des Unternehmens eine Orientierungs- bzw. Filterfunktion für die Akteure ausüben sowie Wissensstrukturen ausbilden helfen. So muss die organisatorische Gestaltung z.B. beachten, dass sachlich durchaus überlegene Alternativen nicht realisiert (oder nicht mal beachtet werden), weil sie gegen einen im Unternehmen herrschenden Mythos der Gründerjahre verstoßen.

Auch die in jüngerer Zeit stark beachtete Idee einer *Pfadabhängigkeit des Unternehmensverhaltens* kann (unter anderem) mit mentalen Modellen begründet werden (vgl. Schäcke (2005), S. 54 ff.).

Vor dem Hintergrund dieser grundlegenden Anmerkungen zum Entscheidungsverhalten profitiert die Realisierung eines organisatorischen Gestaltungsansatzes von dem *Wissen über Einflussfaktoren auf organisatorische Handlungsoptionen und ihre Leistungsfähigkeit*. Hierzu werden im Weiteren der Situative Ansatz, der Resource Dependence-Ansatz, institutionalistische Ansätze sowie der Konsistenzansatz berücksichtigt; unter dem Aspekt der Beeinflussung individuellen Verhaltens durch organisatorische Regelungen wird zudem auf interpretative Ansätze eingegangen.

Der *Situative Ansatz* (Kontingenzansatz, „Contingency approach") geht davon aus, dass es bei der Gestaltung organisatorischer Lösungen keine allgemeingültigen – also für jedwede Unternehmenssituation geeignete – Zweckmäßigkeitserwägungen gibt. Vielmehr sind organisatorische Empfehlungen kontingent bezüglich der situativen Bedingungen eines Unternehmens, von denen es abhängt, welche Organisationsform jeweils am besten geeignet ist (vgl. Köhler (1993), S. 129 und ausführlich Schreyögg (1978); Kieser/Kubicek (1992), S. 33 ff.).

Einschlägige – oftmals größerzahlige empirische – Untersuchungen erfassen als organisatorische *Strukturfaktoren* Spezialisierung, Koordination, (De-) Zentralisierung bzw. Entscheidungsdelegation, Formalisierung und Konfiguration.

Bedeutende unternehmensexterne *Situationsfaktoren* sind z.B. Wettbewerbsintensität, Nachfragerstruktur oder technologische Entwicklung, zur unternehmensinternen Sphäre rechnen Unternehmensgröße, Leistungsprogramm, Produktionstechnik oder die Abhängigkeit des Unternehmens von anderen Wirtschaftseinheiten (vgl. Kieser/Kubicek (1992), S. 199 ff.). Zentrale Bedeutung hat im Rahmen der internen Betrachtung die Wettbewerbsstrategie des Unternehmens (vgl. Porter (2008), da die Wahl einer Kostenführungs- oder Differenzierungsstrategie (oder hybrider Ansätze) stets mit beachtlichen organisatorischen Konsequenzen verbunden ist (vgl. Kap. 2.2). Die schon angeführte Digitalisierung von Prozessen und Produkten des Unternehmens ist organisatorisch vielfach bedeutsam, da Aufgabenzuordnungen und Abläufe im Unternehmen hierdurch potenziell stark verändert werden. So hat die Digitalisierung von Arbeitsprozessen in einigen Unternehmen dazu geführt, dass die ablauforganisatorische Komponente gegenüber aufbauorganisatorischen Regelungen relativ mehr Gewicht bekommen hat.

Bestimmend für die Dynamik der Umweltsituation sind die Häufigkeit, das Ausmaß oder der Verlauf von Änderungen von Umweltfaktoren, von der Anzahl und der Verschiedenartigkeit dieser Faktoren hängt die Komplexität der Umwelt ab (vgl. Schreyögg (1978), S. 91 ff.; Kieser/Kubicek (1992), S. 371). Je nach Konstellation folgt eine mehr oder weniger hohe *Unsicherheit*, auf die Unternehmen (unter anderem) mit organisatorischen Maßnahmen reagieren. (vgl. z.B. Khandwalla (1975)). Werden bei der Entwicklung des Situativen Ansatzes zunächst vor allem einzelne Einflussfaktoren – z.B. Unternehmensgröße (vgl. z.B. Blau/Schoenherr (1971)) und Umweltdynamik (vgl. z.B. Burns/Stalker (1961) – in ihrer Wirkung auf die Organisationsstruktur erfasst, suchen spätere Studien mehrere Situationsvariable simultan zu berücksichtigen (vgl. Kieser/Kubicek (1992), S. 200 ff.).

Zur Rolle der *Strategie* als situativ wirkender, intervenierender Variable zwischen Umwelt und Organisation formuliert und begründet Chandler (1962) die These, nach der die Struktur eines Unternehmens zeitlich verzögert der Strategie folgt („Structure follows Strategy"). So wird die Einführung einer Spartenorganisation als Konsequenz einer (verstärkten) Diversifizierung der Unternehmen verstanden, die mit dieser objektorientierten Struktur über einen der funktionalen Organisation überlegenen Koordinationsmechanismus verfügen. Die Basis der These sind Untersuchungen der Entwicklungsprozesse von 100 US-amerikanischen Unternehmen, wobei vier Unternehmen (*DuPont, General Motors, Standard Oil, Sears Roebuck*) in Fallstudien umfassend behandelt werden.

Die Ergebnisse von *Chandler* lösen intensive Diskussionen aus (vgl. z.B. Gabele (1979); Gaitanides (1985); Schewe (1999a) und (1999b); Wolf (2000); Schreyögg (2002), S. 36 ff. *Hall et al.* heben die Rolle der Struktur als *Informationsfilter* hervor, die über die Steuerung von Informationsaktivitäten die strategische Richtung des Unternehmens lenkt (und die Gültigkeit einer Formel *Strategy follows Structure* nahe legt): „An organization decides and acts in accordance with its perception of changes in the environment or in its own capabilities (...). Structural characteristics act like filters and limit what the organization can see" (Hall/Saias (1980), S. 156). So schenken unterschiedliche Stellen im Unternehmen bestimmten Informationen unterschiedliche Aufmerksamkeit: „When the information is judged interesting, it is subsequently transmitted to other elements. Note that the transfer process itself is not neutral. Information is often interpreted and changed by the way in which it is transmitted. The sensorial capacity of the structure in large part governs the quality of information received and the speed of its transmission" (Hall/Saias (1980), S. 156). Zudem können organisatorische Aufgaben- und Kompetenzzuweisungen bestimmte (strategierelevante) Fähigkeiten und Anreize der Mitglieder oder Intensitäten der Zusammenarbeit verschiedener Teileinheiten des Unternehmens und damit dessen strategische Orientierung beeinflussen.

Weiterentwicklungen des Situativen Ansatzes greifen u.a. diverse Einwände zum *Verhältnis zwischen Situation und Organisation* auf, etwa die fehlende (adäquate) Integration von Entscheidungsprozessanalysen der Handlungsträger. Weiter wird der ursprüngliche Gedanke, nach dem situative Variablen Organisationsentscheidungen quasi *mechanistisch* bewirken, zu Gunsten von *Spielräumen* der Entscheider aufgegeben. Statt der Annahme, dass Unternehmen ihren Kontext als gegeben hinnehmen, lässt das „Interaktionskonzept" zu, dass Unternehmen (externe) situative Faktoren (z.B. durch Lobbyismus, Integration) zu ändern suchen.

In einem inhaltlich erweiterten Analyserahmen liefern *interpretative* bzw. *konstruktivistische* sowie *institutionalistische Ansätze* der Organisationstheorie breitere Begründungsbasen zur Erklärung des Verhaltens von Mitgliedern von Unternehmen und ihren organisatorischen Entscheidungen (vgl. Schreyögg (2008), S. 54 ff.). Während konstruktivistische Ansätze Organisationsformen nicht objektiv, sondern als durch Kommunikation und Interaktion geschaffene, sozial konstruierte Wirklichkeiten verstehen, sehen institutionalistische Ansätze organisatorische Regeln weniger als technisch-rationale Instrumente an, die aus den Aktivitäten des Unternehmens erwachsende Anforderungen erfüllen, sondern begreifen diese vielmehr als Reaktionen auf Erwartungen der Umwelt. Die folgende Betrachtung der *Ressourcenabhängigkeit* dient zunächst einer vertieften Analyse der *externen* Einflüsse auf Organisationsentscheidungen.

Der Ansatz der Ressourcenabhängigkeit („Resource dependence") bezieht sich auf die Interaktion zwischen Umwelt und Unternehmen, indem auf systemtheoretischer Basis als kritisches Problem des Unternehmens die Stabilisierung des Leistungsflusses in und aus dem Unternehmen untersucht wird (vgl. Pfeffer/Salancik (1978); Aldrich/Pfeffer (1976), S. 79 ff.). *Pfeffer et al.* beschreiben die Ausgangssituation: „Organizations engage in exchanges and transactions with other groups or organizations. The exchanges may involve monetary or physical resources, information, or social legitimacy. Because organizations are not self-contained or self-sufficient, the environment must be relied upon to provide support. For continuing to provide what the organization needs, the external groups or organizations may demand certain actions from the organization in return" (Pfeffer/Salancik (1978), S. 43). Diese Sicht, die einen Zugang zur Analyse von Abhängigkeiten des Unternehmens von externen Akteuren und von Machtfragen eröffnet, liegt auch dem „Stakeholder-Ansatz" und dem „Anspruchsgruppenkonzept" zugrunde.

Das Konzept der Ressourcenabhängigkeit versteht ein Unternehmen als Geflecht aus internen und externen Koalitionen (mit Interessengruppen). Unternehmen unterhalten – z.B. mit Kunden, Lieferanten, Gewerkschaften, staatlichen Einrichtungen – externe Koalitionen, um Zugang zu Ressourcen zu erlangen, die selbst nicht erstellt werden können. Der (relative) Einfluss einer externen Koalition auf ein Unternehmen hängt von drei Faktoren ab (vgl. Pfeffer/Salancik (1978), S. 45 ff.): Die *Bedeutung* einer zur Verfügung gestellten Ressource ist einmal vom Anteil abhängig, den die Ressource an den Austauschbeziehungen (Input oder Output) des Unternehmens aufweist („relative magnitude of the exchange"). Zudem geht es – nicht unabhängig vom ersten Aspekt – um die „criticality" der Ressource, die ihre Wichtigkeit für das Unternehmen (Gefährdung bei Nichtverfügbarkeit) erfasst. Der zweite Faktor ist die *Fähigkeit einer Interessengruppe*, die Allokation und die Nutzung einer Ressource – aufgrund der Steuerung ihres Zugangs, gesetzlicher Einflussmöglichkeiten etc. – zu bestimmen. Schließlich ist als Grund für die Abhängigkeit von Ressourcen (-gebern) der Umstand zu sehen, dass nur wenige oder ein Akteur diese zur Verfügung stellen bzw. keine *Ausweichmöglichkeiten* (einschließlich Substitution) existieren („Concentration of Resource Control").

Grundsätzlich hängt das Überleben eines Unternehmens von seiner Fähigkeit ab, durch Austauschprozesse mit allen Koalitionspartnern permanent die notwendigen Ressourcen zu erhalten, die einschlägigen Aktivitäten vollziehen sich in der Regel unter *Ungewissheit*. Die Ressourcenabhängigkeitsperspektive hilft *Strategien* zu entwickeln, die Abhängigkeiten von bestimmten Koalitionen mindern bzw. Einflüsse des Unternehmens auf Ressourcen erhöhen (z.B. vertikale Integration, Kooperation) oder dessen Flexibilität gegenüber bestimmten Umweltereignissen stärken, z.B. durch Dezentralisation, Modularisierung, aber auch gezielte Gewinnung und Verarbeitung von Informationen (vgl. Pfeffer/Salancik (1978), S. 92 ff.). Insgesamt bietet der Resource Dependence-Ansatz die Möglichkeit, die Ausrichtung eines Unternehmens eingebettet in eine Analyse der Umwelt-Unternehmens-Beziehungen fundiert zu erklären.

Eine umfassende Fortentwicklung des Situativen Ansatzes ist der *Konsistenzansatz*, der sein Hauptaugenmerk – gegenüber dem Situativen Ansatz, der die Beziehungen zwischen Unternehmens- und Umweltfaktoren betont – auf das *Verhältnis unternehmensinterner Größen* (z.B. Struktur, Strategie, Kultur, Technologie, Personalentwicklung) zueinander richtet. Es wird angenommen, dass Konstellationen von Unternehmensvariablen existieren, welche in einem konsistenten, harmonischen Verhältnis (*Fit*) zueinander stehen, und gegenüber „unpassenden" Konfigurationen (*Misfits*) eine höhere Effizienz aufweisen (*Konsistenz-Effizienz-Hypothese*). Die Beziehungen zwischen Umwelt- und Unternehmensvariablen werden dabei keineswegs gänzlich vernachlässigt. So finden z.B. Goshal/Noria (1993) in einer empirischen Studie über die Struktur und die Umwelt multinationaler Unternehmen, dass konsistente Umwelt-Struktur-Konstellationen mit einer höheren Effektivität einhergehen.

Ein allgemeines Konzept, das dieser Überlegung folgt, ist der Ansatz der „strategischen Stimmigkeit" von *Scholz* (vgl. Scholz (1997), S. 96 ff.): „Eine vitale Organisation verlangt die Herstellung einer strategischen Stimmigkeit. ´Strategische Stimmigkeit´ bedeutet die inhaltlich konsistente Ausrichtung der strategischen Komponenten untereinander sowie zu System und Umwelt. Zulässig sind lediglich ökonomisch vertretbare oder intendierte Unstimmigkeiten" (Scholz (1997, S. 132; im Orig. hervorgehoben). In diesem Rahmen können inhaltlich unterschiedliche Leitideen eine Rolle spielen. So fordert *Day* im Hinblick auf die Realisierung der *Marktorientierung* bezüglich der bedeutsamen Merkmale (Kultur, Fähigkeiten, Wissensbasis etc.), dass diese „reinforce one another in a market-driven organisation. They don´t simply add together; instead they are multiplicative, so a weakness in one afflicts the others. (...) Each of these elements must be at least as good as the best of the rivals if the overall market orientation is to ensure the strategy gains an advantage" (Day (2000), S. 36). Unternehmensbezogene Änderungen, die der Effizienz verpflichtet sind, müssen vor diesem Hintergrund *gesamthaft* geplante Modifikationen der relevanten Parameter sein, die eine neue Stimmigkeit anstreben.

Die Aufdeckung und Umsetzung *überlegener Kombinationsmöglichkeiten* von Unternehmensvariablen kann als Schlüsselaufgabe eines Managements verstanden werden, das der Konsistenztheorie verpflichtet ist. Methodisch lässt sich hierbei ein analytisches und ein empirisches Vorgehen unterscheiden: Während der *analytische Weg* auf Basis einer Beschreibung der wichtigen Aktionsbereiche des Unternehmens und Rückgriff auf konzeptionell-theoretische Überlegungen zur (Nicht-) Stimmigkeit Aussagen zu Erfolg versprechenden Typen ableitet (vgl. z.B. Mintzberg (1979), S. 18 ff.), setzt die *empirische Variante* auf (meist) größerzahlige Erhebungen bei Unternehmen und die Beurteilung der gefundenen Muster aus Parametern unter Erfolgsaspekten (z.B. mittels Cluster-Analyse, vgl. Faix (2007a), S. 3 ff.).

Aus *dynamischer Sicht* begründet der Konsistenzansatz eine spezifische Perspektive für den organisatorischen Wandel, indem dieser als eher radikale Unterbrechung von Perioden zu verstehen ist, in denen in Unternehmen prinzipiell Ruhezustände herrschen. Nach diesem Ansatz des „Punctuated Equilibrium" durchlaufen Unternehmen länger andauernde Phasen, in denen organisatorische Parameter weit gehend konstant bleiben und lediglich kleinere, auf Effizienzverbesserungen zielende Änderungen vorgenommen werden. Solche Gleichgewichte werden erst im Zuge eines radikalen Wandels aufgebrochen, der z.B. erforderlich wird, wenn nachhaltige Änderungen von Umweltfaktoren die bisherige Ausrichtung des Unternehmens problematisch erscheinen lassen. Abzuwägen sind in diesem Fall die Kosten eines harmonischen, aber eben nicht adäquaten Verhaltens des Unternehmens gegenüber der relevanten Umwelt (inklusive der Opportunitätskosten aufgrund nicht genutzter Chancen) mit den Kosten einer Veränderung (durch Analyse der aktuellen Situation, Ablösung der alten Regeln, Entwurf und Installierung neuer Regeln).

Für eine organisatorische Gestaltung, die daran interessiert ist, zielgerichtete Wirkungen zu erzeugen, muss vor dem Hintergrund des methodologischen Individualismus die Frage wesentlich sein, welche Einflüsse organisatorische Regeln auf das *Verhalten von Individuen* haben. Je nach (organisations-) theoretischer Grundposition (funktionalistisch bzw. positivistisch oder interpretativ bzw. konstruktivistisch) wird der Zusammenhang zwischen formalen organisatorischen Regeln und dem Verhalten von Organisationsmitgliedern anders beurteilt (vgl. Kieser/Kubicek (1992), S. 449 ff.). So nimmt der – funktionalistische – Situative Ansatz an, dass die formale Organisationsstruktur in starkem Maße auf das individuelle Verhalten wirkt: „Die Situation prägt die Organisationsstruktur und die Organisationsstruktur beeinflußt wiederum das Handeln der Organisationsmitglieder. Nur über das Handeln der Organisationsmitglieder kann die Organisationsstruktur überhaupt wirksam werden" (Kieser/Kubicek (1992), S. 449).

Interpretative bzw. *konstruktivistische Ansätze* vertreten zur Wirkung formaler Regeln eine mit einem schwächeren Einfluss verbundene Auffassung, die vor allem darauf beruht, dass in diesen Ansätzen zur Erklärung menschlichen Verhaltens kein subjektunabhängiger Handlungskontext, sondern subjektive, sozial konstruierte Wirklichkeiten verwendet werden (vgl. Frost (1997), S. 97 ff.). Merkmale der formalen Organisation werden demnach nicht als objektiv erfassbare Gegebenheiten verstanden, die eindeutige Verhaltenswirkungen auslösen, sondern stellen sich als subjektive Sachverhalte mit mehrfachen Deutungen dar. Das Verhalten von Individuen wird primär als Ergebnis von Verständigungsprozessen betrachtet, die bezüglich bestimmter, von subjektiven Wahrnehmungen und Interpretationen abhängigen Sachverhalten stattfinden. Hierbei spielen auf individueller Ebene Erfahrungen, Wissen, mentale Modelle u.ä. eine Rolle, die auf die subjektiven Wahrnehmungs- und Deutungsprozesse wirken.

Organisatorische Regeln können von unterschiedlichen Individuen (oder Gruppen) in unterschiedlichen Situationen zu unterschiedlichen Zeiten verschieden interpretiert werden. „Koordiniertes Verhalten von Individuen in Organisationen wird möglich ..., nicht weil diese sich an formalen Organisationsstrukturen orientieren, sondern weil sie in Interaktionsprozessen übereinstimmende Vorstellungen über wichtige Aktivitäten, gemeinsame Ziele und übereinstimmende Bedeutungsmuster herausbilden" (Kieser/Kubicek (1992), S. 450). Organisatorische Regeln ergeben sich unter diesem Blickwinkel mitunter als *Folge* abgestimmten Verhaltens in Unternehmen, denn „Organisationsmitglieder können Regeln vereinbaren, um einem Konsens, der sich in Interaktionsprozessen herausgebildet hat, Stabilität zu verleihen" (Kieser/Kubicek (1992), S. 450). Insgesamt wird hiermit das Phänomen der *informalen Organisation* berührt. Die angeführten Interaktionsprozesse können eine wichtige Quelle organisatorischen Lernens sein, das die Wissensbasis im Unternehmen verbreitert und zur Herausbildung oder Vertiefung organisatorischer Fähigkeiten beiträgt (vgl. Frost (1997), S. 163 ff.).

Die folgende Übersicht fasst die grundlegenden Aussagen zur Organisationsgestaltung aus diesem Abschnitt zusammen: Eine rationale, in der Regel als mehrstufiger Prozess zu verstehende Organisationsgestaltung setzt voraus, dass bezüglich der aufbau- und ablauforganisatorischen Entscheidungsbereiche und -parameter sowie der maßgeblichen Bewertungskriterien zur Auswahl einer Organisationslösung eine leistungsfähige, akzeptierte Konzeption vorliegt. Die Gestaltung der Organisation (als erstmalige Festlegung organisatorischer Regeln oder ihre Veränderung im Rahmen von Reorganisationen) orientiert sich vor dem Hintergrund der externen Chancen und Risiken zweckmäßig an den Zielen und Strategien sowie an der internen Bedingungslage des Unternehmens (die z.B. durch die Unternehmenskultur, die informale Organisation, aber auch das Führungsverhalten geprägt sein kann), um im Einklang mit konsistenztheoretischen Leitprinzipien einen abgestimmten, passenden „Unterbau" für die Verhaltensweisen im Unternehmen zu erhalten, die auf die Erzielung und Aufrechterhaltung von Erfolgen gerichtet sind. Zur Fundierung des organisatorischen Vorgehens dient neben praktischen Erfahrungen der Gestalter auch der Rückgriff auf organisationstheoretische Wissensbestände, die z.B. beim genauen Zuschnitt einer organisatorischen Lösung auf die Bedingungslage des Unternehmens oder der Abschätzung der Wirkungen einer organisatorischen Veränderung auf das Unternehmen helfen können (vgl. Abb. 7).

Abbildung 7: Organisationsgestaltung im Kontext der Unternehmensführung.

3. Organisatorische Entscheidungen zur Strukturierung des Unternehmens

> *Lernziele: Sie sollen die verschiedenen organisatorischen Entscheidungsbereiche und –probleme kennen und bearbeiten lernen, die für die Herausbildung und Prägung der Organisationsstruktur des Unternehmens bedeutsam sind. In jeweils beschreibender Hinsicht sowie unter dem Blickwinkel einer zielorientierten Bewertung sollen Sie sich mit den maßgeblichen Entscheidungsalternativen in den Bereichen Spezialisierung (Kap. 3.1) Konfiguration (Kap. 3.2), (De-) Zentralisierung (Kap. 3.3) und Koordination (Kap. 3.4) auseinandersetzen und in der Lage sein, unter mehreren Optionen eine begründete Auswahl zu treffen.*

Die weiteren Ausführungen behandeln die grundlegenden Formen organisatorischer Regelungen (mit primärem Bezug auf *dauerhaft* anfallende Aufgaben), die insgesamt die *Aufbauorganisation* des Gesamtunternehmens bilden. Die grundsätzlich eng verbundenen Entscheidungsbereiche (Spezialisierung, Konfiguration, (De-) Zentralisierung, Koordination) werden unter Beachtung der zwischen ihnen bestehenden Zusammenhänge dargestellt.

3.1 Spezialisierung

Aus Sicht der *Spezialisierung* können die in der Realität vielfältig ausgeprägten Aufbaulösungen zunächst in ein- und mehrdimensionale Formen unterteilt werden. Während *eindimensionale Organisationsformen* die Aufgaben einer organisatorischen Ebene nach nur einem Kriterium strukturieren, wenden *mehrdimensionale* Formen hierfür mehrere Kriterien zugleich an. Inhaltlich ist bei der Aufgabenstrukturierung zwischen einer Spezialisierung auf Verrichtungen („Verrichtungszentralisation") und einem objektgerichteten Vorgehen („Objektzentralisation") zu unterscheiden. Bei der funktionalen (eindimensionalen) Organisation entstehen Organisationseinheiten wie z.B. Beschaffung, Produktion und Marketing. Eine objektorientierte (eindimensionale) Organisation führt zu Einheiten, die jeweils Teilaufgaben im Kontext bestimmter Objekte (vor allem Produkte, Kunden sowie Regionen) bearbeiten.

Allgemein zielen *mehrdimensionale* Strukturen im Unternehmen darauf, „die Qualität der Entscheidungen zu verbessern. Man will möglichen negativen Folgen einer gewissen Einseitigkeit eindimensionaler Strukturen bei der Problemsicht vorbeugen, die ohnehin in jedem organisatorischen System durch die Prinzipien der Arbeitsteilung und Spezialisierung gefördert wird" (Frese/Graumann/Theuvsen (2012), S. 193). Mehrdimensionale Strukturen lassen sich auf verschiedene Arten bilden (vgl. Frese/Graumann/Theuvsen (2012), S. 194 ff.):

Beim *Stabsprinzip* wird – orientiert an den Informationsgewinnungs- und –verarbeitungsaktivitäten im Rahmen eines Entscheidungsprozesses – eine Aufgabe in die Teilkomplexe „Entscheidungsvorbereitung" und „Entscheidungsfindung" zerlegt und die Stabseinheit (die selbst keinen unmittelbaren Einfluss auf den Einsatz von Ressourcen nimmt) mit den vorbereitenden Aktivitäten betraut; auf diese Weise sollen Linieninstanzen entlastet bzw. unterstützt werden.

Die gleichzeitige Strukturierung einer Aufgabe und Zuweisung von Entscheidungskompetenzen zu Organisationseinheiten auf einer Ebene führt im Falle von zwei Kriterien (z.B. für Produkte und Funktionen) zur *Matrix-Organisation* und bei mehr als zwei Kriterien zur *Tensor-Organisation*. Es ist zu beachten, dass Matrix- und Tensororganisation nicht zwingend Mehr*linien*systeme sind, sondern nur, wenn die kleinste Einheit – bei der Matrixorganisation die „Matrixzelle" – von übergeordneten Stellen unterschiedlicher Dimensionen Weisungen erhalten kann (vgl. Frese/Graumann/Theuvsen (2012), S. 198 f.).

Wie beim Matrixprinzip wird auch beim *Ausgliederungsprinzip* eine Aufgabe nach mindestens zwei Kriterien untergliedert. Aus einem nach einem bestimmten Kriterium (z.B. produktbezogen) gebildeten Aufgabenkomplex wird ein *einem anderen Kriterium folgender Bestandteil* (z.B. Beschaffung, Controlling als jeweils funktionale Elemente) herausgelöst und einer eigenständigen organisatorischen Einheit zugewiesen. Auf diesem Gestaltungsprinzip beruhen die in der Praxis gebräuchlichen *Zentralbereiche*, die als Dienstleistungsstellen unterstützende und koordinierende Aufgaben wahrnehmen, die häufig Querschnittscharakter aufweisen (vgl. Frese/Graumann/Theuvsen (2012), S. 201 ff.).

Die folgenden Abschnitte dieses Kapitels betreffen unter Hervorhebung der *Spezialisierungsdimension* zunächst mit der funktionalen und den objektbezogenen Formen der Organisation hauptsächlich *eindimensionale Organisationsalternativen* (wenngleich einige Male auf die Einrichtung von Stäben Bezug genommen und die anderen Prinzipien zur Bildung mehrdimensionaler Organisationsformen angesprochen werden). Im Anschluss daran erfolgt die Darstellung der Matrix- und der Tensororganisation.

3.1.1 Funktionale Organisation

Bei der *funktionalen Organisation* werden auf der zweiten Ebene der Organisationshierarchie gleiche oder ähnliche Verrichtungen zu organisatorischen Einheiten zusammengefasst. Es entstehen Stellen und Abteilungen z.B. für Beschaffung/Materialwirtschaft,

Produktion, Marketing/Vertrieb, Forschung & Entwicklung, Verwaltung oder Personalwesen, deren Aktivitäten in der Regel von der Unternehmensleitung koordiniert werden. (Wird eine solche Spezialisierung ohne Stabsstellen und ohne Mehrfachunterordnungen von nachgeordneten Stellen zu Instanzen realisiert, liegt ein Einliniensystem vor.) Für jede Verrichtung werden Spezialisten eingesetzt, die eine qualifizierte, effiziente Erfüllung der Aufgaben bewerkstelligen sollen.

Im Einklang mit der Konzeption der *Wertkette* (vgl. Porter (2014)) lassen sich diese Funktionen ressourcenorientierten (unterstützenden) Bereichen, die auf die Beschaffung, Verwaltung und teilweise auch Entwicklung der Ressourcen für die Durchführung des Leistungsprozesses gerichtet sind (z.B. Personal, Materialwirtschaft) sowie leistungsorientierten Bereichen (F&E, Produktion, Vertrieb) zuordnen, die die bereitgestellten Inputgüter in Absatzerzeugnisse umwandeln. Auch eine funktionale Organisation kann objektbezogene Elemente aufweisen, wenn z.B. die Vertriebsaufgaben weiter nach Kundengruppen zerlegt werden.

Die folgende Abbildung zeigt eine funktionale Organisation in der Übersicht (Abb. 8):

Abbildung 8: Allgemeines Beispiel einer funktionalen Organisation

Die funktionale Organisation ist in der Realität die dominierende Organisationsform kleinerer und mittlerer Unternehmen bzw. von Unternehmen, die über ein homogenes Produktprogramm verfügen.

Ein Beispiel für ein größeres Unternehmen, das eine funktionale Organisation verwirklicht hat, ist die *Heidelberger Druckmaschinen AG* als weltweit größter Anbieter von Drucklösungen im Bogenoffsetbereich (Sheetfed Offset). Das Unternehmen bedient mit seinen Angeboten die gesamte Wertkette von Druckereibetrieben mit Lösungen von der Druckvorstufe bis hin zur Druckweiterverarbeitung und engagiert sich im Digital- und Verpackungsdruck (vgl. Faix (2013)). Die folgende Abbildung (Bezugsjahr 2006) zeigt die funktionale Organisation, über die das Unternehmen in den Jahren von 2004 bis 2010 verfügte; in der gezeigten Struktur ist der Vorstand neben seinen strategischen Aufgaben direkt für das operative Geschäft verantwortlich ist (Abb. 9).

AUFBAUORGANISATION

	Dr. Herbert Meyer	Bernhard Schreier	Dr. Jürgen Rautert
Vorstand	Finanzen und Arbeitsdirektor	Vorstandsvorsitzender und Vertrieb	Technik

• Bilanzen/Steuern	• Service & Vertrieb	• Produktion
• Controlling	• Marketing	• Forschung & Entwicklung
• Treasury	• Produktmanagement	• Patente & Lizenzen
• Financial Services	• Unternehmenskommunikation	• Einkauf Produktionsmaterial
• Investor Relations	• Unternehmensentwicklung	• Qualität
• Zentraler Einkauf	• Interne Revision	• Umwelt & Sicherheit
• Informationstechnologie		• Postpress
• Personal		
• Corporate Governance Office		
• Versicherungen		

Abbildung 9: Konzernorganisation der Heidelberger Druck (2004 ff.)
Quelle: Heidelberger Druckmaschinen AG, Geschäftsbericht 2005/2006, S. 24.

Heidelberger Druck reagierte seinerzeit mit einer umfassenden *Reorganisation* (Wechsel von einer divisionalen zu einer funktionalen Organisationsform) auf eine veränderte strategische Ausrichtung (Konzentration auf den Bogenoffsetdruck) des Unternehmens. Das Unternehmen berichtet über diese Organisationsmaßnahme: „Unsere Strukturen haben wir gestrafft sowie die Abläufe effizienter gestaltet, und zusätzlich haben wir unsere Prozesse vereinfacht: Um dies zu erreichen, sind wir von einem divisionalen zu einem rein funktionalen Aufbau der Organisation übergegangen" (Heidelberger Druckmaschinen AG, Geschäftsbericht 2004/2005 („Die Fakten"), S. 37, im Orig. teilweise hervorgehoben).

Der funktionalen Organisationsform werden vor allem Vorteile im Hinblick auf die *Kosten* zugesprochen, weil sie durch die Bündelung gleichartiger Aktivitäten und den Einsatz qualifizierter und erfahrener Spezialisten eine *wirtschaftliche Ressourcennutzung* erlaubt. Die Erzielung von Economies of scale profitiert von den organisatorisch bedingten Möglichkeiten zur Ressourcenpooling als geschlossener, größer dimensionierter Zuordnung von im Regelfall besser ausgelasteten Ressourcen zu den Funktionen, die nicht etwa in kleinerem Maßstab in mehreren Sparten des Unternehmens vorgehalten werden müssen.

Die *Koordinationsfähigkeit* der funktionalen Organisation wird durch die vorherrschenden *sequenziellen Interdependenzen* beeinträchtigt. Die funktionalen Abteilungen (z.B. Produktion und Vertrieb) weisen innerbetriebliche Leistungsverflechtungen auf, weil im gegebenen Beispiel der Vertrieb für die Absatzaktivitäten die Fertigungsleistungen der

Produktion benötigt; da weiter die Produktion (im Rahmen eines marktorientierten Vorgehens) für die Erarbeitung des Produktionsplans auch auf den Informationsinput des Vertriebs angewiesen ist, ergeben sich *wechselseitige* Abhängigkeiten. Die Abstimmung der Entscheidungen der Einheiten auf einer organisatorischen Hierarchieebene – z.B. über die Produktions- und die Absatzplanung der nächsten Periode – wird durch *Zielkonflikte* erschwert. Während der Produktionsbereich zur Erreichung der produktionsbezogenen Ziele tendenziell die Fertigung eines engen Programms mit hohen Losgrößen anstrebt, bevorzugt der Vertrieb ein breites Angebot, das den Mitarbeitern auf den Absatzmärkten die Möglichkeit gibt, ihren Kunden eine größere Zahl von Alternativen (und damit eine Auswahl) anzubieten oder Systemangebote (auf Basis ergänzender Produkte) zu unterbreiten. In derartigen Konstellationen wird die Unternehmensleitung oftmals intensiv in die Entscheidungsfindung und Koordination eingeschaltet.

Für eine breit verankerte, nachdrückliche *Marktorientierung* des Unternehmens sind die Bedingungen einer Verrichtungsspezialisierung weniger günstig, da eine größere Zahl von Mitarbeitern einer recht engen Funktionsperspektive ohne übergreifende Objektbezüge ausgesetzt ist, die kaum auf die Erfordernisse und Möglichkeiten der Absatzmärkte verweist. Weil nur eine geringe Zahl von Einheiten (Marketing/Vertrieb) regelmäßig direkten Kundenkontakt hat, gibt es im Unternehmen nur wenige Personen, die unmittelbar mit marktlichen Problemen und Hinweisen auf Erfolgspotenziale (z.B. Kundenreklamationen, Anregungen zur Verbesserung bestehender oder Schaffung neuer Leistungsangebote) konfrontiert werden. Eine somit vorherrschende und zudem eng gefasste „Binnenorientierung" erschwert eine proaktive Wahrnehmung und Berücksichtigung sich bietender Marktchancen und senkt die Geschwindigkeit von Reaktionen auf Markt- bzw. Umweltänderungen. Die zu verzeichnenden Abschottungs- bzw. Versäulungseffekte funktionaler Einheiten, die jeweils spezifische (Sub-) Kulturen ausprägen (z.B. Vertrieb und Rechnungswesen), erschweren vor dem Hintergrund von Ressortegoismen die Entwicklung einer Grundhaltung im Unternehmen, die durch ein ausgeprägtes Verständnis für die Positionen anderer Abteilungen gekennzeichnet ist. Rieker (1995) findet in einer empirischen Untersuchung, dass Mitarbeiter jenseits von Marketing und Vertrieb eine tendenziell geringe Kundenorientierung und entsprechende Verhaltensmuster aufweisen, was vor allem auf anderen Einstellungen und Werten beruht. „Dieses Verhalten sei nicht auf die Generierung von Nutzen für den Kunden bzw. auf die Senkung von Kostenelementen gerichtet. Der eigene Nutzen bzw. die Erhöhung des Nutzens für die eigene Abteilung ist dominierende Antriebskraft bei vielen Mitarbeitern. Fehlen von Kundenorientierung findet sich insbesondere in der Einstellung der Mitarbeiter, die in der Wertschöpfungskette relativ weit vom Kunden entfernt sind (Beschaffungsabteilung, Produktionsabteilung, Forschungs- und Entwicklungsabteilung)" (Rieker (1995), S. 109). Damit wird es schwieriger, das Erzielen von Wettbewerbsvorteilen als *gemeinsames Anliegen aller Abteilungen* des Unternehmens zu verankern. Die Gefahr steigt, dass Anforderungen der Kunden und Verhaltensweisen der Wettbewerber außerhalb von Marketing/Vertrieb kaum Gehör finden.

Die *Motivationswirkungen* der Funktionalorganisation sind recht schwierig einheitlich zu beurteilen. Da in funktionalen Aufgabenzuordnungen die Eigenverantwortung im Kontext begrenzter, hochspezialisierter Aufgabenzuschnitte mitunter reduziert werden muss, kann die Bereitschaft, mit Nachdruck zur Realisierung der Unternehmensziele beizutragen, beeinträchtigt werden. Ebenfalls kann eine hohe Konfliktintensität (im Kontext der Abstimmung innerbetrieblicher Leistungsverflechtungen) zu einer geringen Motivation der Unternehmensmitglieder führen.

Eine günstige *situative Eignung* der funktionalen Organisation ergibt sich insbesondere, wenn die Strategie des Unternehmens kostenbezogene Ziele stark gewichtet. Diese organisatorische Lösung wird oftmals als erste organisatorische Differenzierung zu Beginn der Entwicklung von Unternehmen gewählt, die (noch) über wenige (heterogene) Produkte verfügen. Im Falle einer geringen Änderungsdynamik der Faktoren in der Unternehmensumwelt kann die bewirkte Koordinations- und Orientierungsleistung der Funktionalorganisation für die Zwecke des Unternehmens vollständig ausreichen – für „anspruchsvollere" Umwelten wird oft auf objektorientierte Organisationsformen verwiesen.

3.1.2 Objektorientierte Organisationsformen

3.1.2.1 Allgemeine Überlegungen

Objektorientierte Organisationsformen können unter Rückgriff auf Spezialisierungskriterien, die auf bestimmte Planungs- bzw. Steuerungsgegenstände Bezug nehmen (insbesondere Produkte/Produktgruppen, Kunden/Kundengruppen und Regionen wie z.B. Länder oder andere regionale Untergliederungen), realisiert werden. Ebenso ist die Berücksichtigung von Projekten (als lediglich vorübergehend zu bearbeitende Aufgabenkomplexe) möglich. Grundsätzlich koordiniert die Unternehmensleitung die entstehenden Teileinheiten, die jeweils für alle Aufgaben im Kontext bestimmter Objekte zuständig sind (und z.B. das Geschäft eines Unternehmens in Regionen wie Nordrhein-Westfalen oder Niedersachsen gestalten). Im Hinblick auf die Konfiguration stellt die Etablierung eines Einliniensystems den einfachsten Fall der Regelung dar.

Die Teileinheiten im Rahmen objektorientierter Strukturen werden häufig „Divisionen" oder „Sparten" genannt, es wird auch von „divisionaler" oder „Spartenorganisation" (zuweilen auch „Geschäftsbereichsorganisation") gesprochen. In sehr großen Unternehmen werden mitunter mehrere Divisionen zu „Unternehmensbereichen" zusammengefasst und unter einheitliche Leitung gestellt (vgl. Vahs (2015), S. 152.). Auf der dritten Ebene der Unternehmenshierarchie finden sich häufig funktionale Untergliederungen.

Das folgende Organigramm zeigt eine divisionale (objektorientierte) Organisation in der Übersicht, auf der dritten Ebene wird beispielhaft eine funktionale Spezialisierung gezeigt (Abb. 10):

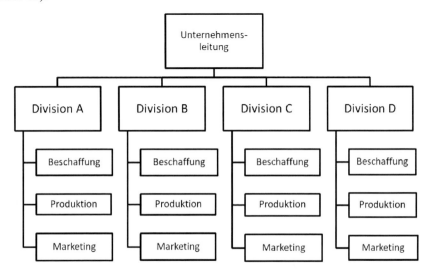

Abbildung 10: Allgemeines Beispiel einer divisionalen Organisation

Allgemein begründen Teileinheiten objektorientierter Organisationsformen einen recht geringen *Koordinationsbedarf*, da – sofern Interdependenzen keine nennenswerte Rolle spielen – unabhängige Bereiche vorliegen (z.B. Produktsparten mit eigenständigen Marktaufgaben). Unter diesen Umständen kann sich die Unternehmensleitung in recht starkem Maße der strategischen Führung des Gesamtunternehmens widmen. Allerdings kann die Koordination *innerhalb* der Divisionen aufgrund der dort erforderlichen Abstimmung der (sequenziellen) Interdependenzen (z.B. Koordination der Aktivitäten zwischen Beschaffung und Produktion in einer Produktsparte) schwierig sein. Die aus der grundsätzlich unabhängigen Anlage der Sparten resultierenden unternehmerischen Freiräume sollen den „Unternehmergeist" stärken und zur verbesserten Nutzung von Marktchancen führen. Werden die „Fliehkräfte" in der Organisation jedoch zu groß, kann es geboten sein, der Autonomie der Divisionen durch *Zentralbereiche* entgegenzuwirken, die z.B. mit Zuständigkeiten für Logistik oder Strategische Planung eine gewisse Integration der Sparten – z.B. bei der Umsetzung der Unternehmensstrategie – erzeugen und potenziell zur wirtschaftlichen Nutzung von Ressourcen beitragen. Ein Auftreten von Markt- oder Ressourceninterdependenzen zwischen den Einheiten auf der zweiten Ebene der Hierarchie (z.B. Überschneidungen der Kundengruppen verschiedener Produktsparten oder gemeinsame Nutzung von unteilbaren Ressourcen wie z.B. Fabriken) erschwert jedoch die Koordinationsbedingungen und erhöht die diesbezüglichen Anforderungen an die Unternehmensleitung.

Sofern bei einer Divisionalisierung eine rechtliche Verselbständigung der Divisionen und ihre rechtliche Eingliederung in eine Obergesellschaft erfolgt, entsteht eine *Holding*. Die verschiedenen Ausprägungsformen einer Holding unterscheiden sich im Kern in Bezug auf das Ausmaß an Autonomie, das den Gesellschaften (Divisionen) eingeräumt wird: Während die Obergesellschaft im Falle einer *Finanzholding* nur den Kapitalfluss steuert und die Gesellschaften über große Autonomie verfügen, entscheidet die Obergesellschaft bei einer *Strategischen Management-Holding* zudem – zur Nutzung von Synergien zwischen Gesellschaften – über die strategische Grundlinien der Geschäfte; in der *Operativen Management-Holding* schließlich ist der Spielraum der Gesellschaften noch mehr reduziert, da die Holding weiter noch in das Tagesgeschäft eingreift.

Die geschilderten Bedingungen objektorientierter Spezialisierungen mit ihrer – in Reinform – relativ großen Unabhängigkeit der Teileinheiten bieten günstige Voraussetzung für die Zuordnung von Autonomie und Verantwortung zu Organisationseinheiten im Rahmen von *Center-Konzepten* (vgl. z.B. Vahs (2015), S. 155 f.; Frese/Graumann/Theuvsen (2012), S. 475 ff.). Ein *Cost-Center* gibt einer Division die Möglichkeit, innerhalb eines Kostenbudgets (im Regelfall aber unter Beachtung von Restriktionen) Entscheidungen zu treffen, z.B. über die Quellen der Einsatzgüter des Unternehmens. *Profit Centers* sind organisatorische Teilbereiche mit einem eigenen (absoluten oder relativen) Gewinnausweis, der in der Regel mit (motivationsfördernden) Anreizen für die beteiligten Manager verbunden ist; im *Investment-Center* erhält dessen Leitung weiter die Kompetenz, über die Gewinnverwendung (mit-) zu bestimmen. Die wirksame Einrichtung von Centers ist an Bedingungen geknüpft: Erstens setzt die Realisierung eines *Profit Centers* voraus, dass den betroffenen Organisationseinheiten Kosten und Erlöse rechnerisch eindeutig (ohne Verzicht auf unbegründete Schlüsselungen) zugeordnet werden können. Zweitens müssen die zugeordneten Kosten- und Erlöspositionen von den Beteiligten beeinflusst werden können, da ohne ihre Einwirkungsmöglichkeit keine akzeptierten Konsequenzen aus Gewinnen und Verlusten abgeleitet werden können; das

Analoge gilt im *Investment-Center* für die Investitionsentscheidungen. Sofern die Bedingungslage für derartige Anreizsysteme passend ist, kann ihre Einrichtung zu positiven Motivationskonsequenzen führen.

Ein Nachteil aller objektorientierter Organisationslösungen gegenüber funktionalen Spezialisierungen ist die eingeschränkte *wirtschaftliche Ressourcennutzung*. Da in den Divisionen zur Gewährleistung der Unabhängigkeit im Regelfall Ressourcen mehrfach vorgehalten werden, ist das Ausnutzen von Poolungseffekten (z.B. durch Einrichtung von lediglich *einem* Kundendienst) in geringerem Maße möglich als bei einer Verrichtungsspezialisierung.

Der Verzicht auf (stärkere) Economies of scale kann als „Preis" interpretiert werden, den eine objektorientierte Organisation für die Unabhängigkeit bzw. Entkopplung der Divisionen und die damit in geringerem Maße erforderliche oder leichter zu bewältigende Koordination zu entrichten hat. (Die Kostennachteile objektorientierter Organisationsformen können durch Anwendung des *Ausgliederungsprinzips* begrenzt werden. Die entstehenden *Zentralbereiche* erfüllen gleichartige Aufgaben für alle objektorientierten Einheiten – z.B. zentrale Beschaffung zur Erzielung von Einkaufsvorteilen bei größeren Abnahmemengen oder zentrales Controlling – und verbessern die Ausnutzung von Skaleneffekten; weiter bieten sich Zentralbereiche an, wenn bestimmte Aufgaben lediglich aus Sicht des Gesamtunternehmens erbracht werden müssen, z.B. Public Relations (vgl. Vahs (2015), S. 156 f.)). Umgekehrt lässt sich die aufgrund der Interdependenzsituation schwierigere Abstimmung bei funktionaler Spezialisierung als Nachteil auffassen, der zu akzeptieren ist, wenn die Wirtschaftlichkeit der Ressourcennutzung des Unternehmens möglichst hoch sein soll.

Die folgende Abbildung illustriert, dass es bei der Wahl zwischen einer objektorientierten und der funktionalen Spezialisierung in Bezug auf die *Koordinationssituation* und die *Wirtschaftlichkeit der Ressourcennutzung* grundsätzlich nicht möglich ist, in *beiderlei* Hinsicht das Optimum zu erreichen; die Steigung der eingetragenen Gerade verdeutlicht ein *Austauschverhältnis* zwischen den beiden Bewertungskriterien einer Organisation, dessen konkrete Ausprägung von verschiedenen Variablen abhängt – z.B. dem Ausmaß der Teilbarkeit der Ressourcen, die in allen Sparten benötigt werden oder der Intensität der Marktbeziehungen, die verschiedene Produkte des Unternehmens aufweisen (vgl. Abb. 11).

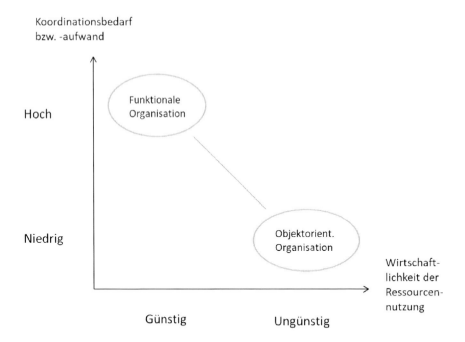

Abbildung 11: Wechselwirkungen zwischen Organisationsformen

Vor dem Hintergrund dieser allgemeinen Abwägungen zu den objektorientierten Formen erfolgen im Weiteren *speziellere Erörterungen* der produkt-, der kunden- und der regionenorientierten Spezialisierung als deren wesentlichen Ausprägungsvarianten.

3.1.2.2 Ausgestaltungsformen

Bei der *produktbezogenen Organisation* entstehen auf der zweiten Ebene der Organisationshierarchie Einheiten, die jeweils für alle Aufgaben im Zusammenhang mit der Herstellung und Vermarktung bestimmter (technologisch-produktionswirtschaftlich oder absatzmarktseitig ähnlicher) Produkte oder Produktgruppen zuständig sind. Die Unternehmensleitung kann die Führung dieser „Produktsparten" mit ihren produktbezogenen Spezialisten unterschiedlich intensiv betreiben. Häufig werden auf der dritten Ebene, zur Untergliederung der Produktsparten, funktionale Spezialisierungen gewählt.

Das folgende Organigramm zeigt am Beispiel von vier *Einzelprodukten* eine produktbezogene Organisation des Gesamtunternehmens in der Übersicht (Abb. 12):

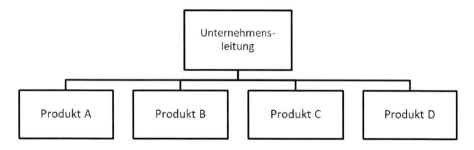

Abbildung 12: Allgemeines Beispiel einer produktbezogenen Organisation

Für eine produktbezogene Organisation wäre prinzipiell auch die Bezeichnung „Produkt-Management" sachgerecht, allerdings ist dieser Begriff für die Einteilung *des Unternehmens* nach Produktsparten im Sprachgebrauch der Praxis unüblich. Ein *Produkt-Management* untergliedert oder ergänzt in vielen Fällen (nicht selten als Stabsstelle) eine funktionale Marketing-Organisation des Unternehmens und sorgt für die Abstimmung verschiedener Funktionsbereiche im Hinblick auf Produkte („Querschnittskoordination"). Im Falle markierter Güter betrifft der Produktbezug oftmals die *Marken* des Unternehmens („Marken-Management", „Brand-Management"), die als Erfolgsobjekte geführt werden (vgl. Freiling/Köhler (2014), S. 100 ff.).

Die produktbezogene Organisation (auf der zweiten Ebene der Hierarchie) wird häufig von Unternehmen realisiert, die über ein breites, diversifiziertes Produktprogramm – und damit oft auch über eine beträchtliche Größe und einen internationalen Aktionsradius verfügen. Ein Beispiel für ein solches Unternehmen ist die *Oetker-Gruppe* mit ihrem aktuell hochverzweigten Aktivitätenspektrum (vgl. Abb. 13):

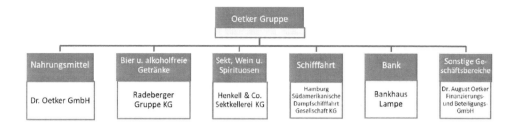

Abbildung 13: Geschäftsbereiche der Oetker-Gruppe
Quelle: Auf Basis von Informationen aus: Dr. August Oetker KG - Konzerngeschäftsbericht 2015 (Zugriff 08.12.2016): http://az721488.vo.msecnd.net/image/2705149/0x0/0/geschaftsbericht-oetker-gruppe-2015degeschuetzt.pdf.

Das Unternehmen beschreibt die seit längerem gültige Leitidee dieser Organisations- und Führungsstruktur: „Die Unternehmen der Oetker-Gruppe sind in unterschiedlichen

Geschäftsfeldern tätig. Unter dem gemeinsamen Dach und aufbauend auf den strategischen Potenzialen und Kernkompetenzen der Oetker-Gruppe werden die Geschäfte der Sparten eigenständig entwickelt und ausgebaut. Die Dr. August Oetker KG als Führungsholding steuert diesen Prozess durch gewachsene Strukturen, den Führungsrahmen mit klaren Kompetenzen, die Koordination von Finanzen und Personal und über zentrale Serviceabteilungen. Gruppenübergreifende Normen und Werte bilden den kulturellen Rahmen für eine effektive, auf hoher unternehmerischer Kontinuität aufbauende Zusammenarbeit" (Dr. August Oetker KG – Konzerngeschäftsbericht 2013, S. 4 (http://oetkerblob.blob.core.windows.net/oetkergruppe-de/1076671/Konzern-GeschftsberichtOetker-Gruppe2013.pdf), Zugriff: 09.12.2014).

Die Einrichtung von Produktsparten, denen die produktbezogene Informationsgewinnung und -verarbeitung, Planung, Koordination und Kontrolle übertragen wird, fördert in hohem Maße das spezifische *Produkt-Know-how* (hinsichtlich der Eigenarten der Produktherstellung, -verwendung und -entsorgung) im Unternehmen. Sofern die Produkte jeweils abgrenzbaren Kunden (-gruppen) zugeordnet werden können, wird gleichzeitig die Kundenorientierung (als gedankliche Ausrichtung der Mitarbeiter auf die Anforderungen spezifischer Kunden/Kundengruppen) des Unternehmens begünstigt. Treten bezüglich der Kunden, die von einzelnen Sparten des Unternehmens angesprochen werden, *Überschneidungen* (aufgrund von Substitutionsbeziehungen zwischen den Produkten des Unternehmens oder Optionen zur Bildung von Sortimenten aus Produkten unterschiedlicher Sparten) auf, entsteht ein Erfordernis zur Koordination der Aktivitäten der fraglichen Einheiten.

Im Falle einer weit gehenden Abgeschlossenheit der übertragenen Aufgabenfelder bei homogenen, unabhängigen Produktkomplexen und der gegebenenfalls erfolgten Zuordnung von Anreizen z.B. in Form von Profit Centers (im Falle ausreichender Autonomie und Verantwortung der Entscheidungsträger sowie der Möglichkeit eines gesonderten, beeinflussbaren Erfolgsausweises) können sich nachdrücklich positive Konsequenzen für die *Motivation* der Mitarbeiter in den Produktsparten ergeben, deren Handlungen unmittelbar mit dem ausgewiesenen Erfolg ihrer Einheit verknüpft sind.

Es ist zu berücksichtigen, dass die produktbezogene Organisation zur Stärkung der *Wirtschaftlichkeit der Ressourcennutzung* häufig modifiziert realisiert wird. Eine vermehrte Realisierung von Economies of scale wird durch das *Ausgliederungsprinzip* angestrebt, das z.B. zur Bildung von Zentralbereichen wie „Recht", „Personalwesen" oder „Controlling" eingesetzt wird, die jeweils alle Produktsparten mit einschlägigen Dienstleistungen versorgen. Neben dem Kosteneffekt dienen Zentralbereiche auch als Instrumente, um in Unternehmen mit hoher Autonomie der Sparten in gewissem Sinne integrierend zu wirken. Die verbesserte Ressourcennutzung durch zentrale Funktionen fördert allerdings ressourcenbezogene Interdependenzen, deren Lösung mit (motivationssenkenden) Konflikten einhergehen kann und die Möglichkeiten zur Einrichtung von Profit Centers schmälert.

Eine hohe *situative Eignung* der produktbezogenen Organisation ergibt sich, wenn die Strategie des Unternehmens besondere, überlegene Produkteigenschaften oder das Eingehen auf die Besonderheiten der Produktmärkte verlangt. Insbesondere bei heterogenen Produkt-Markt-Beziehungen oder unter dynamischen Umweltbedingungen können produktbezogene Spezialisten schnell und sachgerecht die notwendigen Anpassungsschritte innerhalb der Sparten initiieren und umsetzen. Bei einem heterogenen Produktprogramm, das durch eine größere Zahl verschiedenartiger Produkte gekennzeichnet ist, bietet die produktbezogene Untergliederung günstige Voraussetzungen zur Regelung der produktrelevanten Aktivitäten innerhalb der Sparten; eine funktionale Organisationslösung könnte aufgrund der heterogenen Produktanforderungen das diversifizierte Programm nicht gleichermaßen reibungslos koordinieren.

Die Einrichtung einer *kundenbezogenen Organisation* führt auf der zweiten Ebene der Hierarchie zu Untergliederungen, die für alle Aufgaben im Zusammenhang mit der Gewinnung und Bearbeitung bestimmter Kunden (oder Kundengruppen) des Unternehmens zuständig sind. Auf den nachfolgenden Ebenen werden zur Untergliederung häufiger funktionale Kriterien verwendet.

Die folgende Abbildung zeigt eine kundenbezogene Organisation, die eine Strukturierung der Aufgaben in vier *Kundengruppensparten* aufweist (Abb. 14):

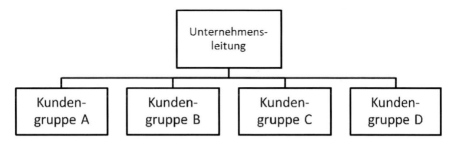

Abbildung 14: Allgemeines Beispiel einer kundenbezogenen Organisation

Eine kundenbezogene Organisation findet sich recht häufig in Unternehmen, die mit (markt-) mächtigen Kunden zusammenarbeiten bzw. eine größere Zahl unterschiedlicher Kundenbeziehungen mit differierenden Anforderungen aufweisen.

So sind z.B. im Telekommunikations- und im Finanzdienstleistungssektor (Banken, Versicherungen) Unterscheidungen zwischen Privatkunden und Geschäftskunden üblich, die jeweils weiter untergliedert werden können. Im Bankensektor finden sich nicht selten die Kundengruppen „Privatkunden", „Vermögende Privatkunden" und – die häufig noch weiter unterschiedenen – „Geschäftskunden", die jeweils unterschiedliche Bedarfe und Informationsanforderungen im Hinblick auf Finanzdienstleistungen aufweisen und durch spezifische Organisationseinheiten (*Kunden-Management, Kundengruppen-Management*) betreut werden (vgl. Oehler (1998)).

Im Falle von mächtigen Kunden (z.B. Handelskunden aus Sicht der Hersteller im Lebensmitteleinzelhandel, Automobilhersteller aus Sicht ihrer Zulieferer) richten Unternehmen häufig mit einem *Key-Account-Management* (auch: „Großkunden-Management", „National Account Management") Stellen ein, die sich kompetent und mit ausreichender Entscheidungsgewalt um die Belange ihrer „Schlüsselkunden" kümmern (z.B. Führen von Jahresgesprächen zur Leistungs- und Konditionenfestlegung zwischen Hersteller- und Handelsunternehmen, Unterbreitung von produktübergreifenden Angeboten – Systemangeboten – für Industriekunden). Diese Stellen werden häufiger als Stab der Unternehmens- oder der Marketing-/Vertriebsleitung eingerichtet (vgl. Götz (1995); Gegenmantel (1996); Jensen (2001); Diller (2003)).

Das im Falle von Zuständigkeiten für jeweils mehrere Abnehmer mit ähnlichen Merkmalen realisierte *Kundengruppen-Management* (auch: „Zielgruppen-", Markt-" oder „Kundensegment-Management") kann wie das *Key-Account-Management* organisatorisch auch erst auf der dritten Hierarchieebene des Unternehmens verankert sein (vgl. Ehrlinger (1979); Oehler (1998), S. 255 ff.).

Die grundlegende, strategische Orientierung des Vorgehens gegenüber Kunden prägt die Aktivitäten dieser Einheiten. In funktionaler Sicht sind als Aufgaben zunächst die Gewinnung, Aufbereitung und Weiterleitung *kundenbezogener Informationen* im Unternehmen (im Hinblick auf die Anforderungen der Kunden an Produkte, die bei ihnen erreichten Ergebnisse sowie Überlegungen bezüglich der Entwicklung neuer Erzeugnisse, aber z.B. auch hinsichtlich der Entscheidungsstrukturen bei großen Kunden) zu beachten. Die Informationsgewinnung kann sich zudem auf Sachverhalte des eigenen Unternehmens (z.B. Merkmale von Prozessen, Verfügbarkeiten von Ressourcen) richten, die z.B. für die Planung von Leistungsangeboten oder die interne Koordination des Kunden-Managements wichtig sind. Aufbauend hierauf sind im Rahmen der *Planung* strategische Konzepte zur Erreichung günstiger Positionen bei den Kunden zu entwerfen und durch operative Maßnahmen zu konkretisieren. Daneben treten als Aufgaben der kundenbezogenen Organisationseinheiten die *Abwicklungs- und Koordinationsaufgabe* (z.B. Realisation der Pläne, Aufnahme von Anfragen und Beschwerden der Kunden, aber auch Regelungen bezüglich Auftragsbearbeitung, Kundendienst, F&E etc.) sowie *Kontrollaktivitäten* (vgl. Götz (1995), S. 295 ff.).

Die wichtigste Aufgabe des Kunden-Managements ist, die *Beziehungen* zwischen Anbieter und Abnehmern zu fördern und zwar im Hinblick auf sämtliche Produkte; auch in regionaler Sicht ist eine übergreifende Perspektive geboten. Zur Aufgabenerfüllung des Key-Account-Managements liegt eine Reihe empirischer Untersuchungen vor (vgl. u.a. Diller/Gaitanides (1988); Diller/Diller (1993), S. 23 ff.; Götz (1995), S. 300 ff.; Gruner/Garbe/Homburg (1997), S. 242 ff.; Senn (1997), S. 54 ff.).

Ein aktuelles Beispiel für ein Unternehmen mit einer kundenbezogenen Organisation auf der Ebene des Gesamtunternehmens ist die weltweit agierende *HSCB Group*, die sich mit ihren Bank- bzw. Finanzdienstleistungen an unterschiedliche Kundengruppen richtet (vgl. Abb. 15).

Abbildung 15: Aufbauorganisation der HSBC Group
Quelle: http://www.assetmanagement.hsbc.com/de/images/zone2/eine_darst.jpg (Zugriff: 30.11.2014).

Die Etablierung kundenbezogener Divisionen ist strukturell die nachdrücklichste Form, um das *kundenbezogene Know-how* im Unternehmen zu fördern (vgl. Faix (2007b), S. 110 ff.). Die Mitglieder der einzelnen Untergliederungen haben fortwährend die Anforderungen ihrer Kunden im Blick und versuchen auf Basis detaillierter Informationen (über aktuelle und künftige Bedürfnisse, die Akzeptanz bestimmter Produktangebote etc.) im Rahmen der Planung, Koordination und Kontrolle ein möglichst hohes Ausmaß an Bedürfnisbefriedigung und Kundenzufriedenheit zu erreichen. Innerhalb dieser Struktur lässt sich das Prinzip: „One face to the Customer" am konsequentesten realisieren. Für die Verwirklichung eines *Kundenbeziehungs-Managements* (Customer Relationship Management) bieten derartige Organisationsformen günstige Bedingungen.

Wird den Mitarbeitern ein abgeschlossenes Aufgabenfeld übertragen, das ohne Interdependenzen und Konflikte mit anderen Bereichen bearbeitet werden kann, können nachdrückliche positive Konsequenzen für die *Motivation* der Mitarbeiter folgen. Auch hier ist zu berücksichtigen, dass die kundenbezogene Organisation zur *Erhöhung der Wirtschaftlichkeit der Ressourcennutzung* häufig nicht unmodifiziert realisiert wird, sondern Ressourcenersparnisse (und gegebenenfalls auch Integrationswirkungen) durch Anwendung des *Ausgliederungsprinzips* angestrebt werden – allerdings können die entstehenden Ressourcenkonflikte die Motivation und Arbeitszufriedenheit der Mitarbeiter sowie die Handlungsgeschwindigkeit des Unternehmens senken.

Eine hohe *situative Eignung* der kundenbezogenen Organisationsformen liegt unter schwierigen kundenbezogenen Markt- bzw. Umweltbedingungen vor (z.B. Existenz mächtiger Kunden oder unterschiedlicher Kundenbeziehungen, hohe Änderungsrate rechtlich-politischer Faktoren mit Auswirkungen auf das Kundenverhalten). Der oben erörterte *Resource Dependence-Ansatz* bietet verschiedene Möglichkeiten, um eine solchermaßen organisatorische Hinwendung zu Kunden als wichtigen Austauschpartnern des Unternehmens zu begründen. Eine *strategische Konzeption*, die Wettbewerbsvorteile über eine besondere Kundennähe und das Eingehen auf individuelle Kundenwünsche zu realisieren sucht, findet günstige Voraussetzungen durch Formen des Kunden- (-gruppen-) und/oder Key-Account-Managements.

Die Realisierung einer *regionenbezogenen Organisation* lässt auf der zweiten Ebene der Hierarchie Organisationseinheiten entstehen, die für alle Aufgaben im Kontext bestimmter Regionen des Unternehmens zuständig sind. Die entstehenden Regionalsparten selbst weisen oftmals funktionale Spezialisierungen auf.

Das folgende Organigramm zeigt eine *regionenbezogene* Organisation in allgemeiner Form (Abb. 16):

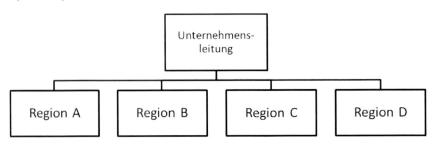

Abbildung 16: Allgemeines Beispiel einer regionenbezogenen Organisation

Der regionale Bezug dieser organisatorischen Spezialisierung kann (auf verschiedenen Hierarchieebenen des Unternehmens) unterschiedlich weit gefasst sein und z.B. Städte, Bundesländer, Länder (-gruppen) oder Kontinente betreffen. Vor allem *international operierende Unternehmen*, die in verschiedenen Ländern, in denen sie Güter produzieren und/oder vertreiben, unterschiedlichen kulturellen, sprachlichen, politischen oder auch klimatischen Bedingungen ausgesetzt sind, wählen eine regionenorientierte Aufbauorganisation, um in den Sparten homogene Verhältnisse zu schaffen und die Koordination zu erleichtern. Die regionalen Einheiten, die häufig als rechtlich selbständige Tochtergesellschaften (mit mehr oder weniger großer Autonomie) geführt werden, begünstigen das leichtere Ausschöpfen von Erfolgspotenzialen, die auf einer unmittelbaren Marktnähe bzw. Standortvorteilen basieren (vgl. Frese/Graumann/Theuvsen (2012), S. 478 ff.).

Ein Beispiel für ein Unternehmen mit einer grundlegenden regionalen Struktur ist *Hochtief* mit einer Zuordnung der Aktivitäten zu drei Regionalsparten mit kontinentalen Ausmaßen (vgl. Abb. 17):

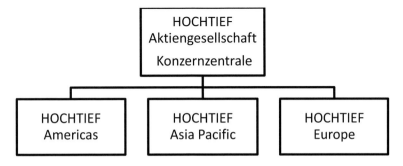

Abbildung 17: Aufbauorganisation der Hochtief AG
Quelle: Vereinfacht auf Basis von http://www.hochtief.de/hochtief/66.jhtml (Zugriff 13.12.2016).

Das Unternehmen charakterisiert seine Aufbauorganisation: „Die HOCHTIEF-Struktur entspricht der operativen Ausrichtung unseres Unternehmens und spiegelt die Präsenz des Konzerns in wichtigen internationalen Regionen wider. Die strategische Management-Holding besteht aus dem Vorstand und den Zentralabteilungen des Konzerns. Diese Steuerungsebene verantwortet die strategische und die organisatorische Entwicklung der HOCHTIEF Aktiengesellschaft. Unterhalb der Management-Holding sind drei Divisions angeordnet: HOCHTIEF Americas, HOCHTIEF Asia Pacific und HOCHTIEF Europe. Die Divisions umfassen die operativen Einheiten von HOCHTIEF. Sie repräsentieren das Leistungsportfolio und die globale Präsenz des Unternehmens" (http://www.hochtief.de/hochtief/66.jhtml, im Orig. z.T. hervorgehoben; Zugriff: 13.12.2016).

Die grundlegenden Aufgaben regionenbezogener Einheiten sind die räumlich spezifizierte Informationsgewinnung und -verarbeitung, Planung, Koordination und Kontrolle. Der Fokus der Informationsaktivitäten liegt auf der Erkennung und Ausnutzung von regionalen Marktchancen, im Falle von „Hochtief Americas" z.B. durch Ausrichtung auf die wachstumsstarken Segmente des dortigen Baumarktes: Bildungs-, Gesundheits- und Gewerbeimmobilien; „Green Building" (nachhaltiges Bauen) etc.

Die Einrichtung regionenorientierter Einheiten begünstigt angesichts des geförderten *regionalen bzw. länderbezogenen Know-how* im Unternehmen eine flexible Anpassung des Unternehmens an die jeweiligen räumlichen Marktverhältnisse und –entwicklungen (geografische Kunden- bzw. Marktorientierung). So werden bei der *Siemens AG* mit der Stärkung der regionalen Unternehmenseinheiten strategische Vorteile anvisiert: „Die Struktur, in der die ... Länderchefs wieder mehr Unabhängigkeit genießen, soll Wachstumskräfte freisetzen" (Maier (2016), S. 38). Durch regionale Divisionen kann ein breiteres Leistungsangebot des Unternehmens leichter an die besonderen regionalen Kundenanforderungen angepasst werden, z.B. durch Auswahl oder Anpassung von spezifischen Produktleistungen, die gezielte Zusammenstellung von Systemangeboten und eine fokussierte, situationsgerechte vertriebliche Unterstützung.

Eine regionale Organisation wird zur Stärkung der *Wirtschaftlichkeit der Ressourcennutzung* häufig mit der Einrichtung von (international zuständigen) Zentralbereichen verbunden. Die verbesserte Wirtschaftlichkeit durch zentrale Funktionen begründet jedoch ressourcenbezogene Interdependenzen, deren Lösung mit Konflikten einhergehen kann, die die Motivation der Mitarbeiter unter Umständen senken. Insbesondere im internationalen Maßstab kann die Einrichtung von Zentralbereichen auch unter dem Gesichtspunkt der Vereinheitlichung der Aktivitäten geboten sein. Angesichts einer nicht vollständigen Abgeschlossenheit der übertragenen Aufgabenfelder muss eventuell auf die Einrichtung von Profit Centers verzichtet werden.

Die *situative Angemessenheit* für die regionenorientierte Organisationsform ist vor allem unter regional differierenden Bedingungen gegeben. Diese Heterogenität kann z.B. mit den Konsumgewohnheiten und Produktanforderungen der Nachfrager oder den rechtlich-politischen Rahmenbedingungen wesentliche Faktoren betreffen, die bei der Festlegung der internationalen Marktbearbeitung zu beachten sind (vgl. Büchler/Faix (2016), S. 135 ff.). Die regionenorientierte Organisation unterstützt eine Strategie des Unternehmens, die eine treffsichere Berücksichtigung der Besonderheiten der Regionalmärkte und einer hohen Änderungsdynamik der fraglichen Umweltfaktoren erfordert.

Bevor nach dieser Darstellung der zentralen objektorientierten Optionen einer organisatorischen Gestaltung die Formen einer mehrdimensionalen Spezialisierung behandelt werden, ist kurz auf Ansätze einer *Projekt-Organisation* einzugehen.

Bei der Gestaltung der Projekt-Organisation sind zwei Aspekte zu unterscheiden, die *organisatorische Regelung der Projektaufgaben* (z.B. Gliederung eines Projektbereiches anhand der zu erfüllenden Projektfunktionen oder nach zu erbringenden sachlichen Teilleistungen wie z.B. Komponenten einer Großanlage) und die *organisatorische Verankerung der Projektaufgaben innerhalb einer bestehenden, auf die Erfüllung permanenter Aufgaben ausgerichteten Struktur* (vgl. Frese/Graumann/Theuvsen (2012), S. 493 ff.).

Unter dem zweiten Aspekt lassen sich die *Organisation ohne strukturelle Projektausrichtung* (bei der die Koordination eines Projekts z.B. durch einen Produkt-Manager erfolgt und eine weiter gehende Anpassung der Organisation an die spezifischen Projektanforderungen unterbleibt), die *Stabs-Projekt-Organisation* (die Projekteinheiten als Stabsstellen in die bestehende Organisation integriert), die *Matrix-Projekt-Organisation* (die eine organisatorische Überschneidung von Einheiten, die permanente und projektbezogene Aufgaben erfüllen, bedeutet) und – als nachdrücklichste Form der Anpassung der Organisation an die Projekterfordernisse – die *Reine Projekt-Organisation* (mit einer Zusammenfassung der projektbezogenen Aufgaben und Ressourcen in Projektbereichen, die eine einheitliche Projektleitung bekommen) als wesentliche Alternativen angeben (vgl. Frese/Graumann/Theuvsen (2012), S. 495 ff.). Unter dem Aspekt der zeitlichen Beanspruchung der Mitarbeiter wird zwischen einem „Projektteam" (vollzeitliche Einbeziehung der Mitarbeiter) und einem „Projektkollegium" (teilzeitliche Mitarbeit der Betroffenen in der Projektgruppe) unterschieden, wobei Mischformen auftreten können (vgl. z.B. Wermeyer (1994), S. 220 ff.).

3.1.3 Matrix-Organisation

Die *Matrix-Organisation* als Ausprägungsform einer *mehrdimensionalen Spezialisierung* entsteht durch die Anwendung von zwei Gliederungskriterien (z.B. funktionale und produktorientierte Strukturierung) auf einer Hierarchieebene, bei Anwendung von drei Kriterien liegt eine *Tensor-Organisation* vor. Die entstehenden Stellen bzw. Abteilungen haben grundsätzlich *gleiche Entscheidungskompetenzen*, z.B. ist eine funktionale Abteilung „Produktion" einer produktbezogen gebildeten Sparte grundsätzlich nicht über- und nicht untergeordnet.

Die folgende Abbildung gibt ein Beispiel für eine Matrix, die eine funktionale mit einer produktorientierten Dimension („Geschäftsbereiche") kombiniert (Abb. 18):

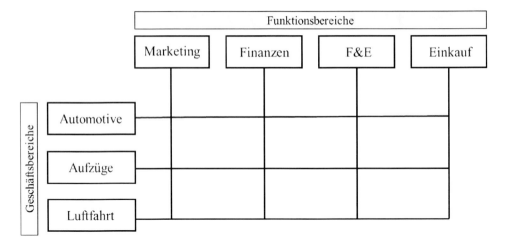

Abbildung 18: Allgemeines Beispiel einer Matrix-Organisation

Das Grundprinzip der Matrix- (wie auch der Tensor-) Organisation ist die durch die organisatorische Überschneidung „erzwungene" *Institutionalisierung von sachlichen Konflikten* zwischen Teileinheiten/Personen bei der Lösung von Entscheidungsproblemen (vgl. Frese/Graumann/Theuvsen (2012), S. 196). So ist für die Bewältigung einer marketingstrategischen Aufgabe (z.B. Identifizierung bestimmter Produkte des Unternehmens, deren Absatz durch Verkaufsförderung forciert werden soll und Ausarbeitung der Kampagne) ein *Funktionsexperte* der Marketing-Abteilung des Unternehmens genauso zuständig wie ein Vertriebsleiter einer betroffenen *Produktsparte*. Die Entscheidungen des Unternehmens sollen gemeinsam auf Basis der Kenntnisse und Fähigkeiten unterschiedlicher Experten im Rahmen einer mehrdimensionalen Problemsicht unter Abwägung aller entscheidungsrelevanten Faktoren getroffen werden, so dass regelmäßig hohe Entscheidungsqualitäten erreicht werden: „Konflikte und das Austragen von Konflikten werden ... nicht mehr länger als Störung einer Ordnung verstanden, sondern als produktives Element, das die Abstimmungsprobleme vor Ort thematisiert und argumentativ zugänglich macht" (Schreyögg (2008), S. 153). Damit weisen die Matrix- und die Tensor-Organisation unter Koordinationsaspekten Merkmale einer Selbstabstimmung bzw. Teamorganisation auf (vgl. Vahs (2015), S. 164 ff.).

Die folgende Abbildung zeigt ein konkretes Unternehmensbeispiel für eine Matrix mit einer funktionalen und einer produktorientierten Dimension (die in der Realität recht häufig miteinander kombiniert werden, Abb. 19):

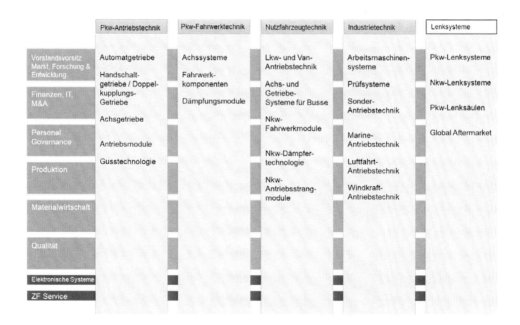

Abbildung 19: Matrix-Organisation der ZF Friedrichshafen AG
Quelle: Mit geringfügigen Änderungen übernommen von: http://www.zf.com/corporate/de/company/organization/divisions_business_units/divisions_business_units.html (Zugriff: 30.11.2014).

Die oben beschriebene prinzipielle Gleichberechtigung von Einheiten („Balance of power", „Balanced matrix") im Rahmen mehrdimensionaler Strukturen wird in der Unternehmenspraxis verschiedentlich zu Gunsten *ungleich verteilter Einflüsse* abgewandelt. In dem Maße, in dem einer von zwei betroffenen Matrix-Einheiten bzw. -Stellen ein größerer Einfluss bei der Entscheidungsfindung eingeräumt wird, treten – bei tendenziell einfacherer Bewältigung des Entscheidungsproblems – die Vorteile einer mehrdimensional abgewogenen Problemlösung in den Hintergrund (und vice versa). Die folgende Abbildung zeigt alternative Ausgestaltungen der Entscheidungsregeln in einer Matrix (Abb. 20).

- Entscheidungsregel 1 (Entscheidung mit Information): Die Matrix-Stelle A verfügt über das alleinige, uneingeschränkte Entscheidungsrecht. Sie ist gehalten, die interessierten bzw. beteiligten Stellen zu informieren und sich beraten zu lassen
- Entscheidungsregel 2 (Entscheidung nach Rücksprache): Die Matrix-Stelle A ist verpflichtet, vor der Entscheidung die Matrix-Stelle B zu konsultieren und deren Meinung einzuholen. Bei schwerwiegenden Bedenken gegen die Entscheidung hat die Matrix-Stelle B das Recht und die Pflicht, bei der nächst höheren Instanz Rekurs einzureichen. Dieser hat aufschiebende Wirkung
- Entscheidungsregel 3 (Entscheidung im Einverständnis): Die Matrix-Stelle A und die Matrix-Stelle B entscheiden gemeinsam. Wird keine Einigung erzielt, so muss die Entscheidung von der nächst höheren Instanz gefällt werden
- Entscheidungsregel 4 (Entscheidung nach Rücksprache): Die Matrix-Selle B ist verpflichtet, vor der Entscheidung die Matrixstelle A zu konsultieren und deren Meinung einzuholen. Bei schwerwiegenden Bedenken gegen die Entscheidung hat die Matrix-Stelle A das Recht und die Pflicht, bei der nächst höheren Instanz Rekurs einzureichen. Dieser hat aufschiebende Wirkung
- Entscheidungsregel 5 (Entscheidung mit Information): Die Matrix-Selle B verfügt über das alleinige, uneingeschränkte Entscheidungsrecht. Sie ist gehalten, die interessierten bzw. beteiligten Stellen zu informieren und sich beraten zu lassen

Abbildung 20: Entscheidungsregeln in mehrdimensionalen Strukturen
Quelle: Mit geringfügigen Änderungen übernommen von Frese/Graumann/Theuvsen (2012), S. 200.

Es ist zu beachten, dass Matrix- und Tensor-Strukturen als mehrdimensionale Organisationsformen nicht zwangsläufig Mehr*linien*systeme sind. Eine Matrix entspricht nur dann einem Mehrliniensystem, wenn eine untergeordnete Einheit (Schnittstelle) von übergeordneten Einheiten unterschiedlicher Dimensionen Weisungen erhält. Wird das aus verschiedenen Perspektiven zu bewältigende Entscheidungsproblem *unmittelbar* zwischen den Einheiten gelöst, ist eine Schnittstelleneinheit bedeutungslos und die Beziehung zwischen über- und untergeordneten Stellen entspricht einem *Einliniensystem* (vgl. Frese/Graumann/Theuvsen (2012), S. 198 f.).

Die *Koordinationsfähigkeit* der – in der Realität insgesamt oft sehr komplexen – Matrix- oder Tensor-Organisation hängt in hohem Maße von den tatsächlichen Abstimmungserfordernissen und -qualitäten der beteiligten Spezialisierungen und Mitarbeiter ab. Erfahrungen zeigen, dass es bereits im Rahmen von „lediglich" zweidimensionalen Organisationsformen zu langwierigen Entscheidungsprozessen bzw. verzögerten, suboptimalen „Kompromissen" kommen kann, da zahlreiche – eben nicht nur sachliche – Konflikte zu bewältigen sind. Die Kapazitäten der Unternehmensleitung können durch Rückdelegationen oder Vermittlungen (wie auch die permanente Arbeit an der Schaffung und Aufrechterhaltung der geeigneten kulturellen und machtbezogenen Grundlagen für eine Matrix- oder Tensor-Organisation) in hohem Maße beansprucht werden. Auch für die nachgeordneten Stellen, die an mehrere Vorgesetzte zu berichten haben, kann die Lage aufgrund von Loyalitäts- und Identifikationskonflikten schwierig sein (vgl. Schreyögg (2008), S. 156). Wohl auch zur Isolierung dysfunktionaler Effekte werden Matrix- und Tensor-Lösungen oft nur in *Teilbereichen* des Unternehmens (z.B. zur Strukturierung der Marketing-Abteilung einer funktional gegliederten Gesamtorganisation) oder als abgeschwächte („unechte") Matrix- oder Tensor-Formen realisiert.

Die organisatorische Strukturierung anhand mehrerer Dimensionen schafft bei passender inhaltlicher Ausrichtung günstige Bedingungen, um die Entwicklung einer unternehmensweiten *Marktorientierung* im Unternehmen zu fördern. So bietet die Kombination einer funktions- mit einer kundengerichteten Spezialisierung in einer Matrix auf Gesamtunternehmensebene die Chance zur näheren Berücksichtigung spezifischer Kundenbedürfnisse (aufgrund der Informationen und Problemsichten des Kunden-Managements) *sowie* zur Nutzung verrichtungsorientierten Spezialwissens mit Marketing- bzw. Vertriebsbezug (z.B. Verfahren der Datenanalyse und –auswertung im Rahmen der Markt- und Marketingforschung). Die Einrichtung von absatzorientiert arbeitenden („crossfunktionalen") Teams im Unternehmen vollzieht sich häufig unter Rückgriff auf diese Leitidee. Wird die funktionale mit einer objektorientierten Dimension (Produkt, Kunde, Region) kombiniert, trägt das grundsätzlich dazu bei, dass „(d)as Unternehmen ... besser sensibilisiert für externe Veränderungen und interne Veränderungsnotwendigkeiten (wird)" (Schreyögg (2008), S. 156).

Die zur *mehrdimensionalen Strukturierung der Marketing-Abteilung* häufig gewählte Kombination einer funktionalen mit einer produktbezogenen Dimension stellt eine Option zur Verankerung des *Produkt-Managements* dar, die eine Förderung und Abstimmung der produkt- (und auch marktgerichteten) Perspektive mit dem jeweilgen funktionalen Know-how möglich machen soll. Ebenso bietet das *Key-Account-Management*, das Unternehmen mit mächtigen Kunden (z.B. Handelskunden aus Herstellersicht im Lebensmitteleinzelhandel) häufig einrichten, damit sich Organisationseinheiten (die nicht selten über eine größere Zahl von Mitarbeitern verfügen) geschlossen und mit ausreichenden Entscheidungsbefugnissen um die Belange ihrer Schlüsselkunden kümmern können (z.B. Führen von Jahresgesprächen zur Leistungs- und Konditionenfestlegung zwischen Hersteller- und Handelsunternehmen), die Option zur Berücksichtigung im Rahmen einer Matrix-Organisation innerhalb des Marketing (teilweise auch in Kombination mit einem *Kunden-Management*).

Die Matrix- und die Tensor-Organisation sorgen tendenziell für eine günstige Auslastung der *Ressourcen* und ihre wirtschaftliche Nutzung. Dies beruht auf dem Umstand, dass die meisten Ressourcen aus mehreren Perspektiven in Anspruch genommen werden.

Die geschilderten mehrdimensionalen Organisationsformen stellen mit ihrer *Konfliktträchtigkeit* (die sich in der Regel nicht nur auf die Sachebene begrenzen lässt) hohe Anforderungen an das Konfliktlösungsverhalten und die Einstellung der Mitarbeiter sowie an die Reglungen, die zur „Feinsteuerung" dieser Formen dienen. Insbesondere ein hoher Anteil persönlicher, unsachlicher Konflikte kann aber die *Motivation* der Mitarbeiter stark beeinträchtigen.

Mehrdimensionale Organisationsformen sind für Unternehmen bedeutsam, die aufgrund ihrer Markt- bzw. Umweltsituation hohe Anforderungen an die Flexibilität und das rasche Erzeugen breit abgesicherter, auf mehreren Perspektiven beruhender Handlungsalternativen (z.B. Entwurf von Marketingstrategien auf Basis produkt- und funktionsbezogenen Know-how) stellen müssen. Dies ist in Konstellationen mit hoher marktlicher und/oder technologischer *Dynamik* der Fall.

3.2 Konfiguration

Die *Konfiguration* als weiterer organisatorischer Gestaltungsbereich legt mit der Bestimmung der *Weisungs- und Entscheidungsbefugnisse* die hierarchischen Beziehungen und das von außen grundsätzlich erkennbare Stellengefüge des Unternehmens fest. Die Ausprägungen dieser Gestaltungsentscheidungen sind in erster Linie für die Koordinationsfähigkeit des Unternehmens und der Motivation der Mitarbeiter bedeutsam; die Einflüsse auf die Marktorientierung und die Wirtschaftlichkeit der Ressourcennutzung sind eher mittelbarer Natur.

Eine *Stelle* kann verstanden werden als „Bündel von formal definierten Verhaltens- und Leistungserwartungen, die sich an einen potenziellen Mitarbeiter richten" (Schreyögg (2008), S. 102). Sie ist als Ergebnis der Aufgabensynthese Teil der formalen Organisation und der *Sache nach* (ad rem) auf eine *dauerhafte* Aufgabenerfüllung angelegt; der

Verzicht auf eine Orientierung an bestimmten Personen (ad personam) soll die Kontinuität der Leistungserbringung im Falle des Ausscheidens von Stelleninhabern fördern (vgl. Schreyögg (2008), S. 102).

In der Regel werden die Erwartungen an Stelleninhaber durch *Stellenbeschreibungen* schriftlich fixiert. Die folgende Abbildung vermittelt wesentliche Informationen, die hierin in der Regel enthalten sind (Abb. 21).

• Inhaber der Stelle • Nr. und Bezeichnung der Stelle • Dienstrang des Inhabers der Stelle • Abteilung und Leistungs- bzw. Unternehmensbereich • Vorgesetzter (und dessen Stellvertreter) • Untergeordnete Stellen • Vertretungen (des Stelleninhabers sowie durch den Stelleninhaber)	• Ziel der Stelle • Aufgaben (als Zuständigkeiten für bestimmte Aktivitäten), Kompetenzen (Befugnisse, z.B. Unterschriftenregelungen wie „i.V.") und Verantwortlichkeiten (z.B. für termin- und sachgerechte Berichte zu einem spezifischen Themenfeld) • Anforderungen (Ausbildung, Berufserfahrung und weitere Fähigkeiten, z.B. in Bezug auf Mitarbeiterführung)

Abbildung 21: Wesentliche Informationsinhalte von Stellenbeschreibungen

Stellenarten können unter mehreren Gesichtspunkten und auf sehr differenzierte Weise unterschieden werden. Gemäß der Unmittelbarkeit der Einbeziehung der Stellen in die betrieblichen Kernprozesse können grundlegend *Linienstellen* (unmittelbare Beteiligung an der Erfüllung der betrieblichen Kernaufgaben wie Beschaffung von Inputgütern, Produktion und Absatz der hergestellten Erzeugnisse) und *unterstützende Stellen* (z.B. Unternehmensplanung zur Unterstützung der Entscheidungsfindung) angeführt werden. Erste umfassen *Leitungsstellen* (Instanzen), die z.B. Initiativen entwickeln, Entscheidungen treffen und Kontrollen durchführen sowie *Ausführungsstellen*, die im Wesentlichen getroffene Entscheidungen umsetzen. Die unterstützenden Stellen können in *Stabsstellen* (spezialisierte Hilfsstellen bestimmter Leitungseinheiten, die diese beraten und bei Entscheidungsfindungen und Kontrollen unterstützen), *Assistenzstellen* (generalisierte Hilfsstellen, z.B. Assistenten der Geschäftsführung, die diese mengenmäßig entlasten und recht unterschiedliche, wechselnde Aufgaben erfüllen) und *Dienstleistungsstellen* (zentral arbeitende Servicestellen, die mehrere Leitungseinheiten unterstützen, z.B. mit Controlling-Leistungen) aufgegliedert werden (vgl. Vahs (2015), S. 69 ff.).

Unter Betonung der entscheidungsorientierten Perspektive werden im Weiteren als wesentliche Stellentypen *Leitungsstellen* (Instanzen) und *Stabsstellen* unterschieden. *Leitungsstellen* verfügen über Fremdentscheidungsbefugnisse (die Weisungs- und Sanktionsbefugnisse einschließen) gegenüber einer bestimmten Gruppe von Stelleninhabern. *Stabsstellen* werden zur Unterstützung und Beratung von Instanzen eingerichtet und bereiten (unmittelbar oder mittelbar) deren Entscheidungen vor.

Eine Instanz kann entweder *Singularinstanz* (Leitung nach dem Direktoral-Prinzip) oder *Pluralinstanz* sein. Im zweiten Fall übernimmt eine Personenmehrheit („Gremium") die Aufgaben der Stelle. Ein „Gremium .. ist eine Mehrzahl von Personen, die über einen längeren Zeitraum in direkter Interaktion stehen. Die Gruppenmitglieder sind durch gemeinsame Ziele, Werte und Normen und ein Wir-Gefühl miteinander verbunden und nehmen differenzierte Rollen war" (Vahs (2015), S. 80; im Orig. hervorgehoben). Die Arbeitsfähigkeit einer Pluralinstanz setzt eine geeignete Regelung der gemeinsamen Willensbildung und Entscheidungsfindung voraus. So kann bei Entscheidungsakten die Einstimmigkeit aller Mitglieder oder lediglich das Erreichen einer – qualifizierten oder einfachen – Mehrheit gefordert sein. Seltener werden Mitgliedern einer Pluralinstanz Vetorechte eingeräumt, da diese Entscheidungsprozesse in starkem Maße hemmen können. Üblicherweise werden nicht alle Entscheidungskomplexe nicht den gleichen Regelungen unterworfen, sondern z.B. mit zunehmender Bedeutung einer Entscheidung für das Unternehmen höhere Anforderungen an eine zu erzielende Abstimmungsmehrheit gestellt. Dem Vorzug einer tendenziell gründlicheren, unter Einbeziehung verschiedener (komplementärer) Sichtweisen abgewogenen Entscheidung eines Gremiums steht der höhere Zeitbedarf für die Aufgabenerfüllung als Nachteil gegenüber (und vice versa).

Bei der Unterstützung von Instanzen durch Stabsstellen sind zwei grundsätzlich unterschiedliche *Anlässe* zu unterscheiden: Im Falle einer *mengenmäßigen Überlastung* der Instanz wird diese aufgrund eines hohen Arbeitsanfalls durch Stäbe unterstützt, die für diese allgemeine, in der Regel operativ gehaltene Aufgaben (Erstellen von Berichten, Durchführen von Terminabsprachen etc.) erfüllen. Hierbei kann es sich um generalisierte (z.B. Assistent der Geschäftsleitung) oder adjutantive Stabsstellen (Sekretär, Sekretärin u.ä.) handeln. Diese bearbeiten für die Instanz Aufgaben, die diese aufgrund ihrer Qualifikation grundsätzlich auch selbst erbringen könnte. Im Falle einer *qualitativen Überlastung* treten spezialisierte Stabsstellen, die höhere Anforderungen an Kenntnisse, Fertigkeiten und Erfahrungen erfüllen, in Erscheinung und leisten für die Instanz Dienste, die diese – unter ökonomisch akzeptablen Bedingungen bzw. in absehbarere

Zeit – nicht selbst erbringen kann (z.B. Ausarbeitung eines Rechtsgutachtens, einer detaillierten Analyse eines Ländermarktes oder Entwicklung eines Szenario-Modells für die Vorhersage der längerfristigen Unternehmensentwicklung).

Angesichts der fehlenden (formalen) Entscheidungs- bzw. Weisungskompetenz von Stabsstellen gegenüber anderen Stellen bzw. einer Divergenz zwischen Aufgabenzuständigkeiten, Verantwortungen und Kompetenzen kann die Existenz von *Motivationsproblemen* bei den Inhabern dieser Stellen nicht ausgeschlossen werden. Es ist aber zu beachten, dass dies bei Stabsmitarbeitern, die ihre Befriedigung z.B. aus der Lösung komplexer Aufgaben des Operations Research und der Anerkennung hierfür ableiten (und gar nicht in Linienstellen „drängen"), in der Regel nicht zu befürchten ist.

Häufig haben Stabseinheiten, obwohl sie formal über keinerlei Entscheidungsbefugnisse verfügen, aufgrund ihrer fachlichen Erfahrungen und ihres Informationsstandes *faktisch* einen starken Einfluss in Entscheidungsprozessen (z.B. über die Vorauswahl von Alternativen und ihre Bewertung, die Darstellung und Begründung der Bewertungsergebnisse), so dass zuweilen nicht zu Unrecht von einer „Macht der Stäbe" die Rede ist. Eine solche Position kann für den Inhaber zu hoher Zufriedenheit führen.

Die *Verteilung der Weisungsbefugnisse* im Unternehmen kann grundsätzlich als Einlinien- oder als Mehrliniensystem erfolgen. Im *Einliniensystem* erhalten Mitarbeiter nur von einer Stelle Anweisungen, es gilt das auf *Fayol* zurückgehende Prinzip der *Einheit der Auftragserteilung* (vgl. Fayol (1990); Fayol (1916)). Wesentliche Vorzüge dieses Ansatzes sind die eindeutigen Über- und Unterordnungsverhältnisse, die in der Regel keine Kompetenzstreitigkeiten und Abstimmungserfordernisse nach sich ziehen. Die nachgeordneten Mitarbeiter haben klar vorgegebene Bezugspersonen, an denen sie sich orientieren.

Wie angeführt, lässt sich dieses System durch Berücksichtigung von Stabsstellen zu einem *Stab-Liniensystem* entwickeln, das auf verschiedenartige Weise gestaltet sein kann. Ein Beispiel hierfür ist ein *Produkt-Management* (vgl. auch Kap. 5.1), das (im Falle einer *funktionsressortgebundenen* Eingliederung) als *Stab* in der Regel dem Marketing- bzw. Vertriebsbereich zugeordnet wird. Es lassen sich aber z.B. in Handelsbetrieben auch Einordnungen des Produkt-Managements in den Einkauf und in technologieintensiven Unternehmen in die Forschung & Entwicklung nachweisen. Ein Beispiel für eine Zuordnung zum Marketing gibt Abb. 22:

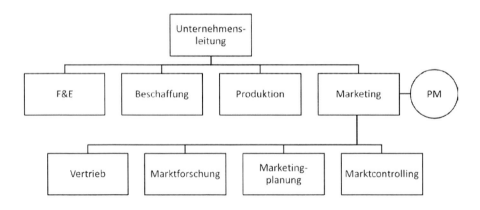

Abbildung 22: Produkt-Management (PM) im Rahmen des Stab-Liniensystems

Die Grundannahme des Produkt-Managements ist, dass Produkte als Erfolgsträger eines Unternehmens eine besondere objektbezogene Planung und Kontrolle erfordern (vgl. Freiling/Köhler (2014), S. 100 ff.). Die *Querschnittskoordination* durch das Produkt-Management bezieht sich auf die verschiedenen Funktions- bzw. Aufgabenbereiche im Hinblick auf die betreuten Produkte. Es werden Informations-, Planungs-, Kontroll- und Koordinationsaufgaben unterschieden (vgl. Gruner/Garbe/Homburg (1997), S. 237). Während *Informationsaufgaben* z.B. die generelle Marktbeobachtung, produktbezogene Erfolgsanalysen, Positionierungsstudien sowie Prognosen der Marktentwicklung beinhalten, betrifft die *Planung* vor allem den Entwurf produktpolitischer Konzeptionen; nicht selten ist das Produkt-Management auch weiter gehend in die Planrealisation einbezogen. Die *Kontrolle* richtet sich neben den Ergebnissen der Produkte auch auf Abläufe (z.B. Durchführung von Produktvariationen). Schließlich sind die Aktivitäten mit den zahlreichen unternehmensinternen und -externen Partnern, die in die Gestaltung und Realisation der Produktpolitik einbezogen sind, zu *koordinieren*: „Der Produktmanager hat .. die Funktion eines Lotsen. Ziel ist die optimale Koordination der produktbezogenen Maßnahmen, Entscheidungen und Pläne des Unternehmens" (Lucke (1977), S. 64).

Bei der Eingliederung in das Marketing als Stab der Leitungsstelle arbeitet das Produkt-Management mit seinen Analysen und Entwürfen der Leitungseinheit zu, die jedoch für die Entscheidungen und die zu treffenden Koordinationsmaßnahmen zuständig bleibt. Häufig wird der Produkt-Manager als *Zwischen*- bzw. *Mischform* aus Stab und Linie charakterisiert, die nicht über offizielle Entscheidungsgewalt verfügt, aber aufgrund einer Expertenmacht über die beratend-vorbereitende Rolle hinausgeht (vgl. Murphy/Gorchels (1996), S. 51 f.). Eine Institutionalisierung des Produkt-Managements mit Weisungsbefugnissen ist die Einrichtung von *Linieneinheiten* unterhalb der Absatzleitung, bei der die Produkt-Manager unmittelbar die Absatzaktivitäten für die fraglichen Produkte steuern (Einliniensystem).

Im Falle einer *funktionsressortungebundenen* Eingliederung ist eine Einordnung des Produkt-Managements als Stab der Unternehmensleitung möglich, das seine Aufgaben dann mit weiter reichender Perspektive erfüllen kann.

Ein weiteres Beispiel für ein Stab-Liniensystem ist die *Stabs-Projekt-Organisation*, bei der z.B. in einer funktionalen Aufbauorganisation der Unternehmensleitung Stäbe zugeordnet werden, die Projektaufgaben übernehmen (vgl. Frese/Graumann/Theuvsen (2012), S. 496). Gemäß ihrer Rolle als Stab hat die Projekteinheit keine Weisungsbefugnis gegenüber den weiteren Stellen, die im Unternehmen am Projekt beteiligt sind und betreibt Informations- und entscheidungsvorbereitende Aktivitäten. Projektstäbe üben aber aufgrund ihres Informationsstandes und Fachwissens faktisch oftmals relativ starke Einflüsse auf die Projektaktivitäten aus („Einfluss-Projekt-Organisation").

In einem *Mehrliniensystem* können Mitarbeiter von mehreren übergeordneten Stellen Anweisungen erhalten. Hiervon verspricht man sich die bessere Nutzung der Spezialkenntnisse und -fähigkeiten der Vorgesetzten, die z.B. verschiedene Funktionen beherrschen (siehe das auf Taylor (1911) zurückgehende Funktionsmeistersystem, das auf eine Ausnutzung der Spezialisierungsvorteile der übergeordneten Ebene zielt). Angesichts der Nachteile dieses Ansatzes, die aufgrund der Mehrfachzuordnung von Mitarbeitern in Kompetenzkonflikten und einem erhöhten Abstimmungsaufwand liegen, wird das Mehrliniensystem in der Praxis in dieser Form seltener angewendet; meist wird unter mehreren Übergeordneten eine „Hauptkoordinationslinie" bestimmt, mit der sich weitere Instanzen mit Anliegen und Aufträgen für untergeordnete Mitarbeiter abstimmen müssen. Es wurde schon darauf hingewiesen, dass eine (mehrdimensionale) Matrix-Organisation nicht zwingend mit der Einrichtung eines Mehrliniensystems einhergeht. Ein Mehrliniensystem kann mit einer eindimensionalen Organisation kombiniert werden, wenn untergeordnete Stellen von übergeordneten Stellen, die auf eine gleiche (z.B. funktionale) Dimension zurückgehen, Weisungen erhalten.

Die Linienstellen, die die *Führungsspitze* des Unternehmens (z.B. Vorstand, Geschäftsführung) bilden, haben im Rahmen der Unternehmensführung als zentrale Aufgaben die (auf den zu setzenden bzw. reflektierten Zielen aufbauende) strategische Analyse und Planung (einschließlich der Entscheidungsfindung) für das Gesamtunternehmen, die Durch- und Umsetzung sowie die Kontrolle der Entscheidungen; zudem sind Ressourcenzuweisungen und Gestaltungen etwa bezüglich der Corporate Governance, der Organisation, der kulturellen Weiterentwicklung des Unternehmens vorzunehmen.

Die *organisatorische Verankerung der Unternehmensführung* kann verschieden geregelt sein (vgl. Vahs (2015), S. 158): Die Unternehmensführung kann *ohne Ressortzuständigkeit* verankert werden, also keine operative Verantwortung für Divisionen oder funktionale Bereiche besitzen und sich ausschließlich der strategischen Führung des Unternehmens widmen. Diese Lösung geht mit der Gefahr einher, „dass sich die Unternehmensführung von der Realität ´abkoppelt´ und strategisch verselbstständigt" (Vahs (2015), S. 158). Weiter können die Mitglieder der Unternehmensführung *gleichzeitig die Leitung von Divisionen/Geschäftsbereichen* oder von *Zentralbereichen* übernehmen; hierdurch wird eine – allerdings mit der Gefahr der Überlastung verbundene – Kombination strategischer und operativer Führungsaufgaben erreicht, die den Informationsfluss im Unternehmen fördert und die Interessen der objektorientierten Bereiche oder Funktionen stärker ins Blickfeld der Unternehmensführung rückt.

Die Entscheidungen zur Regelung der Weisungsbefugnisse im Unternehmen prägen in starkem Maße die auch nach außen oft gut sichtbare *Hierarchie* des Unternehmens (vgl. Ott (1994)). Diese kann insbesondere anhand der *Leitungsspannen* (Anzahlen der den Vorgesetzten direkt zugeordneten Mitarbeiter) und der *Leitungstiefe* (Anzahl der Hierarchieebenen eines Unternehmens) näher charakterisiert werden.

Die Höhe der *Leitungsspanne* bestimmt wesentlich die Führungsanforderungen, die die Vorgesetzten im Unternehmen zu bewältigen haben. Wichtige Einflüsse auf die Leitungsspanne gehen von der Struktur der Aufgaben aus, die von den zugeordneten Mitarbeitern zu bearbeiten sind – z.B. bedeuten sequenzielle Aufgabenkomplexe tendenziell höhere Koordinationsbedarfe zwischen den Mitarbeitern und damit höhere Führungsanforderungen. So kann die in Abb. 22 zu erkennende Leitungsspanne des Marketingleiters von 4 womöglich mit den Interdependenzen begründet werden, die zwischen den vier folgenden Untergliederungen (Vertriebsleitung etc.) abzustimmen sind. Ferner sind die vorgenommene Delegation von Entscheidungsbefugnissen und die Qualifikation der Mitarbeiter zu beachten, da sich etwa bei recht autonom arbeitenden (höher qualifizierten) Stelleninhabern geringere Eingriffserfordernisse für Vorgesetzte ergeben können. Weiter beeinflusst der angewandte Führungsstil die Leitungsspanne. So stellt ein wirklich kooperativer Führungsstil gegenüber einem autoritären Ansatz hohe (zeitliche) Anforderungen an die Interaktion zwischen Vorgesetzten und Mitarbeitern und begrenzt die Möglichkeit, größere Leitungsspannen zu realisieren.

Die *Leitungstiefe* ist ein bedeutsamer Bestimmungsfaktor der Geschwindigkeit, mit der Informationen im Unternehmen vertikal (nach unten wie nach oben) übermittelt werden. Damit wirkt sich die Leitungstiefe mittelbar auch auf die Marktorientierung des Unternehmens aus, da diese in hohem Maße von der Anpassungsgeschwindigkeit an Marktveränderungen bzw. beim Aufgreifen von Marktchancen abhängt. Unter diesem Aspekt ist die in Abb. 22 zu erkennende Organisation mit ihrer Leitungstiefe von 3 günstig zu bewerten.

Ein zentraler organisatorischer Trend im Kontext der Konfiguration ist in der *Abflachung von Hierarchien* zu sehen, der – neben der Tendenz zur *Dezentralisierung* – bei vielen *Reorganisationen* von Unternehmen eine Rolle spielt (vgl. Arbeitskreis „Organisation" (1996); Brödner/Latniak (2004), S. 365 f. sowie Kap. 6). Bei der Abflachung von Hierarchien bilden die *Schaffung flacher Ebenen* und der *Wegfall von Ebenen* die Hauptansatzpunkte (vgl. Ott (1994), S. 36 f.).

Flache Ebenen entstehen durch die Übertragung von Aufgaben und Verantwortung an Mitglieder niedriger Hierarchiestufen („Empowerment"), so dass die „Höhe" der abgebenden Ebene abnimmt (vgl. Kap. 3.3). Werden Ebenen entfernt, kann dies obere, mittlere und untere Stufen betreffen: So entfällt das (ursprüngliche) Top Management z.B., wenn ein Unternehmen in mehrere wirtschaftlich und rechtlich selbständige Einheiten geteilt wird oder durch Outsourcing von Funktionen die koordinierenden Stellen nicht mehr benötigt werden. Der Wegfall des mittleren Managements steht oft in Verbindung mit der Einrichtung von (projektbezogen oder dauerhaft arbeitenden) Teams, die ohne Vorgesetzte „klassischer" Prägung und mittels leistungsfähiger Informations- und Kommunikationstechniken eigenverantwortlich Aufgaben bearbeiten (vgl. Kap. 5.1). Ein Verzicht auf untere Ebenen ergibt sich etwa im Zuge einer Rationalisierung durch Automation (Ersatz ausführender Stellen durch technische Systeme, wie die Nutzung von Robotern im Produktionsbereich).

Eine geringere Zahl von Hierarchieebenen kann die *Marktorientierung* positiv beeinflussen, weil Mitglieder der oberen Führungsebenen unter diesen Umständen häufiger unmittelbaren Kundenkontakt haben und direkter über Kundenbedürfnisse und Wettbewerberaktivitäten informiert werden; es ist anzunehmen, dass die persönlich aufgenommenen Marktinformationen bei den Führungskräften auf höhere Akzeptanz stoßen und stärker in Entscheidungen einfließen (vgl Becker (1999), S. 95). Dies kann die Bedeutung marktbezogener Analyse-, Planungs- und Kontrollmethoden steigern (etwa, weil sich weitere Informationsbedarfe ergeben) und durch die Einbeziehung „hochrangiger" Multiplikatoren eine breite Vermittlung von Marktinformationen im Unternehmen begünstigen (die sich bei wenigen Hierarchieebenen unter Umständen auch besser verteilen lassen).

Die mit der Hierarchieabflachung beschleunigten (vertikalen) Informations- und Entscheidungsprozesse vergrößern die Anpassungsfähigkeit des Unternehmens (vgl. Ott (1994), S. 35; Smith/Grimm/Gannon et al. (1991), S. 65 f.; Peters (1993), S. 58 f.). Kundenbezogene Aktivitäten, die wie z.B. Ausrichtungen von Produkten an individuellen Bedürfnissen über mehrere Hierarchiestufen hinweg abgestimmt werden müssen, können somit einfacher erfolgen; allein die erhöhte Geschwindigkeit dieser Prozesse kann den Kundennutzen vergrößern und die Erlöse steigern. Eine branchenübergreifende empirische Untersuchung mit Informationen aus 277 Unternehmen aus allen Größenklassen in Deutschland ergibt, dass die Zahl der Hierarchieebenen im Absatzbereich hochsignifikant negativ mit der Kundenorientierung (Berücksichtigung von Kundenbedürfnissen) verbunden ist (Beta-Wert im Rahmen einer multiplen Regression: - 0,180; d.h. eine *Senkung* der Zahl der Ebenen *erhöht* das Ausmaß der Berücksichtigung von Kundenbedürfnissen). Ferner zeigt sich, dass eine Veränderung der Hierarchieebenen unter schwierigen Umweltbedingungen (z.B. dynamische Änderungen von Umweltfaktoren, vielfältiges Produktangebot) stärker auf die Kundenorientierung wirkt, als im Falle einfacher Verhältnisse (vgl. Faix (2007c)).

Allerdings ist bei massiven strukturellen Einschnitten wie der Entfernung von Hierarchieebenen dafür zu sorgen, dass die *Koordination* der Aufgabenerfüllung und die *Motivation* der Mitarbeiter (durch Qualifizierung des Personals, Einrichtung horizontaler Abstimmungsformen, Förderung der Kommunikation etc.) gewährleistet ist. So kann die Motivation der Mitarbeiter durch die Unsicherheit und die stärkere Belastung aufgrund der Neuordnung von Aufgaben beeinträchtigt werden. Farell (2003), S. 66 ff., ermittelt kausalanalytisch auf Basis von Querschnittsdaten aus 486 produzierenden Unternehmen, dass der Abbau von Arbeitsplätzen in einem Unternehmen („Downsizing") das Vertrauen zwischen den Mitarbeitern und dem Management sowie das Commitment der Mitarbeiter gegenüber der Erfüllung von Kundenbedürfnissen („Commitment to a Customer Focus") negativ beeinflusst.

3.3 (De-) Zentralisierung

Die Begriffe *Dezentralisierung* und *Zentralisierung* können sich grundsätzlich auf unterschiedliche Sachverhalte wie die Zuordnung von Aufgabenzuständigkeiten, Entscheidungs- und Weisungskompetenzen (einschließlich der jeweiligen Verantwortungen) beziehen. Im Kern geben sie an, in welchem Umfang Kompetenzen und Befugnisse im Unternehmen eher Mitgliedern oberer, mittlerer oder niedriger Hierarchieebenen übertragen werden.

Aus Sicht der Zuordnung von Entscheidungskompetenzen heißt *Zentralisierung*, dass die Unternehmensspitze in hohem Maße für die Entscheidungsfindung zuständig ist. Demgegenüber verfügen in einem *dezentralen Unternehmen* Mitglieder niedriger Ebenen in stärkerem Umfang über Entscheidungskompetenzen. Die *Entscheidungsdelegation* ist hiervon begrifflich zu trennen: Sie betrifft das Verhältnis von Vorgesetzten und Mitarbeitern und bezeichnet den *Vorgang* der Zuordnung von Entscheidungsbefugnissen auf Stellen unterer Hierarchieebenen. Sofern recht viele Vorgesetzte Entscheidungsrechte delegieren, führt dies im Ergebnis zur (Entscheidungs-) Dezentralisation im Unternehmen (vgl. Hungenberg (1995), S. 49).

Während ein zentralisiertes Unternehmen auf Vorteile wie die gesamthafte Perspektive als Grundlage für das Treffen ausgewogener, koordinierter Entscheidungen setzt, werden dezentral agierenden Unternehmen höhere Geschwindigkeiten und Flexibilitäten der Entscheidungsfindung und gegebenenfalls auch Qualitäten der Entscheidungen zugesprochen (aufgrund der vermeintlich überlegenen Informationen und Erfahrungen der Mitarbeiter „vor Ort", die über entsprechende Kompetenzen verfügen). Allerdings leistet eine beträchtliche Dezentralisierung womöglich den bereits angesprochenen „Fliehkräften" in der Organisation Vorschub, so dass es erforderlich sein kann, diese zu begrenzen oder auf andere Weise die Integration zu fördern (z.B. im Rahmen des Schnittstellenmanagements, vgl. Kap. 5).

Die Dezentralisierung ist ein wichtiges Mittel, um die *Marktorientierung* des Unternehmens zu fördern und bildet deshalb häufig ein Ziel, wenn Unternehmen reorganisieren (vgl. Kap. 6). Durch ausreichend ermächtigte Mitarbeiter, die in ihren vertrauten Aufgabenumwelten handeln, wird ein rasches, kompetentes Ausnutzen von Chancen sowie eine Abwehr von Risiken im Kontext kunden- und wettbewerberseitiger Änderungserfordernisse begünstigt. So zielte die Verstärkung der Dezentralisation im Rahmen der Reorganisation des US-Managements von *McDonald's* in der zweiten Hälfte der neunziger Jahre vor allem auf eine größere Flexibilität gegenüber den Wettbewerbern. In der Vertriebsorganisation von *Digital Equipment* wurden die so genannten „Entrepreneure" seinerzeit als relativ selbständig handelnde, kundengerichtete Akteure konzipiert, die aufgrund passender Kompetenzen schneller und treffsicherer auf Marktgegebenheiten reagieren können (vgl. Hanser (1992), S. 37). Dieser Ansatz greift das *Prinzip des internen Unternehmertums* auf: „Den Mitarbeitern werden an vielen Stellen im Unternehmen in einem genau definierten Rahmen umfassende Aufgaben- und Verantwortungskomplexe zur selbständigen und kompetenten Bearbeitung ... übertragen. (...) Damit wird das Leistungs- und Erfolgsstreben einer intelligenten Mitarbeiterschaft genutzt, die Möglichkeit zur Sinnfindung und Selbstverwirklichung eingeräumt und Qualität und

Schnelligkeit der Entscheidungen verbessert" (Ludwig (1997), S. 129 f.). Die Implementierung dieser Idee leitet in letzter Konsequenz zur *Vertrauensorganisation* über. Diese „ist gekennzeichnet durch die Abkehr vom Taylorismus, verbunden mit einer Änderung des Menschenbildes hin zu einer partnerschaftlich geprägten Beziehung zwischen Vorgesetzten und Mitarbeitern sowie durch die Förderung von Unternehmertum auf allen Hierarchieebenen" (Arbeitskreis „Organisation" (1996), S. 635; vgl. auch Bleicher (2009), S. 73 ff.).

Die Dezentralisierung stärkt den Stellenwert marktorientierter Analyse- und Planungsverfahren, da Angehörige marktnaher Einheiten, die umfassender marktbezogene Entscheidungen (mit-) verantworten, an deren Durchführung – auch aufgrund eines etwaigen Rechenschaftsdrucks – stärker interessiert sind, diese nachdrücklicher unterstützen und ihre Ergebnisse nachhaltiger verarbeiten. Eine Studie über die *Faktoren, die die Nutzung von Marktforschungsinformationen* beeinflussen, zeigt die Dezentralisierung als bedeutsamen Grund: Je dezentralisierter ein Unternehmen organisiert ist, desto mehr werden Marktforschungsinformationen verwendet, da diese Unternehmen Mitarbeiter niedriger Ebenen stärker an Forschungsaktivitäten beteiligen, wodurch deren Commitment gegenüber den Resultaten und die Verwendung insgesamt zunimmt (vgl. Deshpandé/Zaltman (1982), S. 24 f.).

Eine Dezentralisierung von Entscheidungskompetenzen kann zudem die *Motivation* der Aufgabenträger aufgrund der damit verbundenen Autonomiestärkung erhöhen.

Eine Reihe empirischer Studien ermittelt positive Wirkungen der Dezentralisation auf die Markt- bzw. Kundenorientierung von Unternehmen: *Homburg* findet bei der Untersuchung des Zusammenhangs zwischen organisatorischen Faktoren und der Kundennähe von Industriegüterunternehmen einen hochsignifikanten Einfluss der (über vier Indikatoren gemessenen) Entscheidungsdelegation auf die Kundennähe (wobei die Delegation selbst positiv von der Unternehmensgröße abhängt; vgl. Homburg (2000), S. 190 ff.). *Fritz* überprüft (auf Basis einer schriftlichen Befragung von 144 Unternehmen mit mehr als 50 Beschäftigten des bundesdeutschen Verarbeitenden Gewerbes; vgl. Fritz (1992), S. 102 ff.) bei der Analyse der Beziehung zwischen der Entscheidungsdelegation und der Marktorientierung, ob das Ausmaß der Entscheidungsdelegation auf die Relevanz der Marktorientierung innerhalb der Führungskonzeption des Unternehmens sowie den Beitrag der Marktorientierung zum Unternehmenserfolg wirkt (vgl. Fritz (1992), S. 344 f. und S. 360). Als wichtiger Befund ergibt sich: „Je mehr in Unternehmen Entscheidungskompetenz und Verantwortung von der Führungsspitze auf nachgelagerte Führungsebenen delegiert werden, um so günstigere Voraussetzungen entstehen daraus für eine umfassende Marktorientierung (...) und für die Nutzung des der

Marktorientierung inhärenten Erfolgspotentials" (Fritz (1992), S. 360). Allerdings zeigt sich, dass die Entscheidungsdelegation über andere Faktoren als die Marktorientierung eine noch deutlicher positive Wirkung auf den Erfolg von Unternehmen ausübt, wobei gemäß Fritz (1992), S. 360, die delegationsbedingte Entlastung der Führungsspitze, das Engagement und die Zufriedenheit der Mitarbeiter sowie die Qualität der Aufgabenerfüllung berührt sein dürften. Dies deutet an, dass positive Effekte auf die marktorientierten Handlungen des Unternehmens auch aus motivationalen Vorteilen bei den Mitarbeitern entstehen können, die z.B. aus einer größeren Geschlossenheit der übertragenen Aufgaben und einer höheren Autonomie der Mitarbeiter herrühren.

Unter *situativem Blickwinkel* werden Delegation und Dezentralisierung als bedeutende Instrumente angeführt, um die Handlungsfähigkeit des Unternehmens unter oftmals dynamischen Umweltbedingungen, die nur kurze Reaktionszeiten zulassen, zu fördern.

3.4 Koordination

Neben den behandelten Gesichtspunkten lässt sich die organisatorische Gestaltung anhand der Maßnahmen charakterisieren, die zur *Koordination* ergriffen werden: „Regelungen, die der Abstimmung arbeitsteiliger Prozesse und der Ausrichtung von Aktivitäten auf die Organisationsziele dienen, nennen wir *Koordinationsmechanismen* oder *Koordinationsinstrumente*" (Kieser/Kubicek (1992), S. 95 f.; Hervorhebungen im Orig.). Von der *Deckung* eines bestehenden Koordinationsbedarfs sind Bestrebungen zu unterscheiden, einen Koordinationsbedarf zu *reduzieren*. Letzteres kann z.B. durch Puffer geschehen, die organisatorische Teilbereiche in gewissem Umfang voneinander entkoppeln. Eine Möglichkeit zur Bildung von Puffern sind Zwischenläger, die Diskrepanzen zwischen Produktions- und Vertriebsentscheidungen durch Auf- oder Abbau des Bestandes an Fertigprodukten ausgleichen (vgl. Kieser/Kubicek (1992), S. 102 f.). Die weiteren Überlegungen betreffen die *Möglichkeiten zur Deckung des Koordinationsbedarfs*. Es ist zu beachten, dass es große Unterschiede bei der Definition von Koordinationsinstrumenten gibt.

Unter dem Aspekt der jeweils verwendeten *Medien* lassen sich vier *strukturelle*, auf organisatorischen Regeln beruhende Koordinationsinstrumente unterscheiden: Koordination durch persönliche Weisungen, durch Selbstabstimmung, durch Programme und durch Pläne. Während die ersten beiden – auch als „personenorientiert" bezeichneten – Instrumente eine unmittelbare persönliche Kommunikation zwischen den Betroffenen bedeuten (persönliche Weisungen in erster Linie durch vertikale Kommunikation, Selbstabstimmung vorwiegend auf Basis horizontaler Kommunikation), beruhen die beiden letzten Instrumente auf Medien, die zwar auch verbindliche Festlegungen beinhalten, aber einen unpersönlichen, „technokratischen" Charakter aufweisen und eher als Institution wahrgenommen werden. Zudem existieren weitere, *nicht-strukturelle Koordinationsinstrumente*, nämlich (vor allem) Koordination durch *interne Märkte* und Koordination durch die *Organisations*- bzw. *Unternehmenskultur* (die aber im Weiteren nicht vertieft werden). Die folgende Abbildung zeigt die angeführten Zusammenhänge zusammengefasst (Abb. 23).

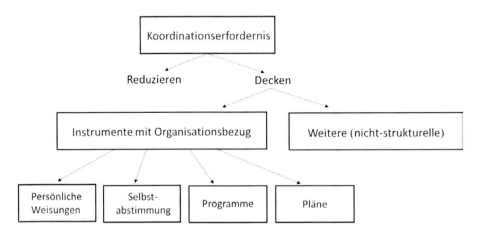

Abbildung 23: Kontext der Koordinationsinstrumente mit organisatorischem Bezug

Im Falle der *persönlichen Weisungen* besteht die organisatorische Ebene der Koordination darin, dass zunächst bei der Abteilungsbildung Stellen mit Entscheidungs- und Weisungsbefugnissen eingerichtet werden, die ihren Inhabern die Erfüllung von Koordinationsaufgaben ermöglichen; hierbei kann es sich um Vorauskoordination (vorausschauende Abstimmung von Zielen und Maßnahmen) oder Feed back-Koordination (Reaktionen auf Störungen, Lösen von Konflikten etc.) handeln (vgl. Kieser/Kubicek (1992), S. 100 ff.). Innerhalb des so geschaffenen Rahmens vollziehen sich die jeweiligen Koordinationsprozesse, deren Ausgestaltung den Aufgabenträgern überlassen bleibt.

Bei der *Koordination durch Selbstabstimmung* erfolgt die Koordination nicht durch eine hierarchisch übergeordnete Instanz, sondern durch Gruppenentscheidungen der nachgeordneten Einheiten, deren Aktivitäten Interdependenzen aufweisen (vgl. Laßmann (1992), S. 285 f.; Kieser/Kubicek (1992), S. 106). Diese auch als *Selbstkoordination* bezeichnete Abstimmungsform ist von der informellen, unverbindlichen Kommunikation zwischen Mitarbeitern zu unterscheiden, wie sie in Unternehmen vielfach stattfindet. „Von einer Koordination durch Abstimmung sprechen wir .., wenn .. Gruppentscheidungen offiziell vorgesehen sind und die Entscheidungen der Gruppe für alle Gruppenmitglieder auch verbindlich sind" (Kieser/Kubicek (1992), S. 107; im Orig. z.T. hervorgehoben). Die Selbstabstimmung ist eng mit der Einrichtung von Teams zur Lösung von Entscheidungs- und Koordinationsproblemen verbunden. Auch die Formen der Matrix- und Tensor-Organisation basieren auf diesem Koordinationskonzept. Die Initiierung der Selbstabstimmung kann ins Ermessen der Betroffenen gestellt, an das Auftreten bestimmter Sachprobleme gebunden oder im Rahmen von Kollegien, Ausschüssen etc. institutionalisiert sein. Selbstabstimmung entlastet die Koordination durch persönliche Weisungen und vermindert das Erfordernis vertikaler Kommunikation, das im Falle persönlicher Weisungen relativ hoch ist.

In vielen Unternehmen erfolgen zudem Aktivitäten nach Maßgabe von festgelegten Verfahrensrichtlinien (*Koordination durch Programme*). Programme ergeben sich einmal als Ergebnis von *Lernprozessen*, wenn sich im Unternehmen im Laufe der Zeit bei der Aufgabenerfüllung bestimmte Verfahrensweisen herausbilden, bewähren und schließlich verfestigen. Weiter können Programme von legitimierten Stellen *vorgegeben* werden und festlegen, dass Aktivitäten (z.B. die Auswahl eines neuen Lieferanten für einen Rohstoff des Unternehmens) auf eine bestimmte Weise zu erfolgen haben. Generell sind Programme anhand ihres *Detaillierungsgrades* (globale Vorgabe weniger Richtlinien vs. ins Einzelne gehende Darlegungen) und ihrer *Flexibilität* (starre Vorgaben vs. Programme mit Verzweigungen) zu unterscheiden. Während Programme die Aufgabenerfüllung einer einzelnen Stelle genauso wie die Durchführung von Aktivitäten durch mehrere Einheiten regeln können, liegt eine Koordinationswirkung nur dann vor, wenn bei ihrer Erarbeitung mehrere Aktivitäten einbezogen und abgestimmt wurden. Es besteht bei Programmen immer eine gewisse Gefahr, dass diese die individuellen Merkmale einer Situation, in der sie zum Einsatz kommen, über Gebühr vernachlässigen oder im Zeitablauf aufgrund geänderter Rahmenbedingungen ihre Gültigkeit verlieren (vgl. Kieser/Kubicek (1992), S. 110 f.).

Die *Koordination durch Pläne* nimmt schließlich auf die Abstimmung Bezug, die sich auf der Grundlage von periodischen Vorgaben vollzieht, die organisatorische Einheiten erhalten (und gegebenenfalls auch miterarbeiten). „Diese Vorgaben sind weder persönliche Weisungen noch das Ergebnis einer Selbstabstimmung. Sie resultieren auch nicht aus der Anwendung von Programmen durch die Ausführenden. Diese Vorgaben werden vielmehr in der Regel nach festgelegten Verfahren im Rahmen eines institutionalisierten Planungsprozesses erarbeitet" (Kieser/Kubicek (1992), S. 114; im Orig. z.T. hervorgehoben). Die Koordinationswirkung beruht darauf, dass die Ausgestaltung der Vorgaben die Aktivitäten verschiedener Organisationseinheiten miteinander (sachlich, zeitlich und räumlich) in Einklang bringt. Neben diese Abstimmung durch den *Plan* tritt die Koordination durch den *Planungsprozess* selbst, da bereits bei der Erarbeitung der Vorgaben die Aktivitäten unterschiedlicher organisatorischer Einheiten berücksichtigt werden können. Wie bei Programmen hängt auch die Leistungsfähigkeit von Plänen als Instrumente der Koordination davon ab, inwieweit künftige Entwicklungen richtig erfasst werden – die große Schwierigkeit dieser Aufgabe in einer dynamischen Umwelt liegt auf der Hand (vgl. Kieser/Kubicek (1992), S. 117).

Die vorgestellten Koordinationsinstrumente werden von Unternehmen im Regelfall *kombiniert* eingesetzt. Bei der Auswahl einer geeigneten Kombination sind Zusammenspiel und Wechselwirkungen mit anderen organisatorischen Parametern zu beachten. So verringert eine vorwiegende Koordination über persönliche Weisungen die Möglichkeit, die *Leitungsspanne* – die Anzahl der einer Instanz direkt untergeordneten Stellen – zu senken, weil diese Koordinationsform die Instanz im Regelfall relativ stark beansprucht. Ein weiteres Beispiel bezieht sich auf das Anliegen, die Konflikträchtigkeit der Matrix-Organisation durch *Programmierung* (Vorgabe von Richtlinien bezüglich des Verhaltens der Matrixstellen bei Entscheidungsproblemen, Kompetenzschwierigkeiten etc.) zu mildern. Die *Bewertung* der Koordinationsinstrumente nimmt auf die oben eingeführten Kriterien Bezug.

Im Falle der *persönlichen Weisungen* (ein gemeinsamer Vorgesetzter stimmt durch Vorgabe von Prioritäten, Eingreifen bei Störungen u.ä. die zugeordneten Stellen ab) sind als wesentliche Vorteile die leichte *Gestaltbarkeit* und die flexibel mögliche, auch rasche Handhabung ganz unterschiedlicher Probleme anzuführen. Jedoch kann eine starke Inanspruchnahme dieses Instruments – die tendenziell eine hohe Entscheidungszentralisation ausdrückt – recht leicht dazu führen, dass die betroffenen Instanzen überlastet werden. Hieraus können Problemsituationen entstehen, die die *Motivation* aller Beteiligten beeinträchtigen (z.B. aufgrund von Entscheidungen durch die Instanz, die unter großem Zeitdruck getroffen und als unpassend empfunden werden). Generell ist anzunehmen, dass es die Motivation der Mitarbeiter nicht fördert, wenn stets übergeordnete Leitungsstellen Abstimmungen bewerkstelligen und dabei womöglich Belange einer Seite subjektiv nicht ausreichend einbezogen werden.

Ein intensiver Einsatz dieser Koordinationsform macht es für Leitungsstellen schwieriger, sich grundlegend, anlassungebunden im Unternehmen um die *Marktorientierung* und ihre Voraussetzungen (z.B. Schaffung eines marktbezogenen Informationssystems) zu bemühen. Bei der Bewältigung marktgerichteter Abstimmungen im Wege der *Vorauskoordination* kann – sofern diese systematisch vorbereitet ist und angemessene Informationen vorliegen – umsichtig auf marktbezogene Anforderungen eingegangen werden. Im Falle einer *Feed back-Koordination*, die bei Abweichungen von geplanten Ereignissen nötig wird, besteht gerade bei kurzfristig anstehenden Koordinationsakten die Gefahr, dass Vorgesetzten ein ausreichendes Verständnis der fraglichen Zusammenhänge fehlt und unangemessene Entscheidungen folgen.

In *situativer Hinsicht* ist es plausibel, dass die Bedeutung der hierarchischen Koordination bei hoher Umweltdynamik zurückgeht, da vertikale Kommunikation langwierig ist und Stellen vor Ort zügiger und unter Umständen sachlich überlegen handeln können. Ebenso kann eine hohe Komplexität der Faktoren in der marktlichen oder allgemeinen Umwelt persönliche Weisungen unangemessen werden lassen, weil hieraus wenig sachgerechte, die jeweiligen Umstände kaum berücksichtigende Entscheidungen resultieren. Liegen in einem Unternehmen aufgrund zahlreicher Hierarchieebenen lange Entscheidungswege vor, büßen persönliche Weisungen an Bedeutung ein, da ein flexibles Handeln des Unternehmens schwieriger wird. Unter solchen Bedingungen sind auch die *Koordinationskosten* dieses Instruments, die sonst eher moderat ausfallen dürften, relativ hoch.

Die *Selbstabstimmung* als Koordinationsform basiert auf der Übertragung von Zuständigkeiten für die Lösung von Entscheidungsproblemen an die Betroffenen im Rahmen von Gruppenentscheidungen. Sind alle relevanten Funktionen an der Bearbeitung eines Problems beteiligt, können Entscheidungen unter ausgewogener Berücksichtigung verschiedener Perspektiven getroffen werden, so dass die *Entscheidungsqualität* gefördert wird. Im Hinblick auf Marketing und Vertrieb kann eine breite Einbeziehung des fraglichen (z.B. kunden-, produkt- und verkaufsgerichteten) Expertenwissens in die Informations- und Entscheidungsprozesse für eine hohe *Marktorientierung* des Unternehmens sorgen. Da die Selbstabstimmung allgemein die übergeordneten Leitungseinheiten des Unternehmens entlastet, können sich diese verstärkt strategischen Aufgaben und der grundlegenden Förderung der Marktorientierung zuwenden. Auch wenn bei der Selbstabstimmung eine direkte Kommunikation zwischen den Betroffenen stattfindet, benötigt diese Koordinationsform z.B. bei ungünstigem Kooperationsklima aber womöglich längere Zeit als die Entscheidung und Weisung eines Vorgesetzten.

Grundsätzlich ist die Selbstabstimmung günstig, um in einem *schwierigen, komplexen Unternehmensumfeld* mittels qualifizierter Beiträge verschiedener Experten zu abgewogenen Entscheidungen zu kommen; jedoch ist diese Koordinationsform unter dynamischen Bedingungen womöglich nicht schnell genug. Die *Koordinationskosten* dieser Maßnahme sind insbesondere bei komplizierten, konfliktbeladenen Abstimmungsprozessen höher als bei einer Koordination durch Vorgesetzte. Sofern es keine problematischen Gruppenprozesse oder Schwierigkeiten aufgrund der unzureichenden Identifikation der Beiträge Einzelner gibt, sollte die *Motivation* der (mit größeren Entscheidungskompetenzen ausgestatteten) Beteiligten zur Anwendung dieses Instrumentes gegeben sein.

Die *Koordination durch Programme* (Vorgaben über die Art und Weise der Durchführung von Aktivitäten, etwa in Bezug auf Informationspflichten) trägt über die Beeinflussung der Aufgabenerfüllung einer einzelnen Stelle oder des Zusammenwirkens mehrerer organisatorischer Einheiten unter den richtigen Umständen zur leistungsfähigen Abstimmung von Aktivitäten im Unternehmen bei. Insbesondere ist es bedeutsam, dass der Detaillierungsgrad (allgemeine Vorgabe von Richtlinien vs. ins Einzelne gehende Beschreibung von Handlungen) und die Flexibilität (starre Vorgaben vs. Programme mit Verzweigungen, die je nach Konstellation unterschiedliche Verfahrensvarianten auslösen) passend zu den Gegebenheiten des Unternehmens gewählt sind. Werden z.B. Vorgaben aufgestellt, die zu wenig auf die variierenden Umstände eines zu regelnden Falles eingehen und nur sehr grobe Darstellungen liefern, ist die Gefahr eines inhaltlich wenig angemessenen Verhaltens durch eine Programmierung groß. Wenn Programme vorsehen, dass marktliche Elemente bei der Informationsgewinnung, -verbreitung und -nutzung zu berücksichtigen sind, stärkt diese Bestimmung potenziell die *Marktorientierung* des Unternehmens. In vielen Fällen haben Unternehmen für die Bearbeitung kundengerichteter Aufgaben festgelegte Prozeduren, die in die gleiche Richtung wirken. Die angeführte inhaltliche Ausrichtung von Programmen kann zum einen die Folge von Lernprozessen sein, die Mitarbeiter, die mit bestimmten Aufgaben betraut sind, durchlaufen; oftmals ergeben sich hieraus breiter akzeptierte Handlungsmuster mit marktorientierter Prägung. So kann es sich „eingebürgert" haben, dass bei der Planung einer Marketing-Strategie die wettbewerblichen Konsequenzen der erwogenen Strategievarianten stets vor dem Hintergrund der Triebkräfte des Branchenwettbewerbs abzuschätzen sind, weil so systematische Erkenntnisse über das Konkurrentenverhalten erzielt werden können. Zum anderen kann ein Programm als verbindliche Festlegung höherer Instanzen bestimmen, dass Mitarbeiter Aktivitäten und Prozesse unter marktorientiertem Blickwinkel durchführen. Die Möglichkeiten hierzu sind vielfältig: So kann z.B. bei einer Idee, die in einem Bereich des Unternehmens gewonnen wird, festgelegt sein, dass stets die Meinungen von F&E, Produktion und Marketing hierzu einzuholen sind. Ebenso kann als Ausdruck einer markt- bzw. kundenorientierten Programmierung gelten, wenn bestimmt wird, dass eine Kundenreklamation oder –anfrage innerhalb von 24 Stunden zu beantworten ist (und dabei bestimmte sachliche Anforderungen zu beachten sind).

Programme haben grundsätzlich die Eigenschaft, dass sich bei relativ niedrigen *Koordinationskosten* eine vergleichsweise hohe Entlastung der Unternehmensleitung ergibt. Wie angeführt, kommt es bei der Ausgestaltung darauf an, dass der Detaillierungsgrad und die Flexibilität eines Programms gut „dosiert" sind. Dabei begünstigen strukturierbare Aktivitätenfolgen und stabile, überschaubare Umweltverhältnisse ihre Anwendung. Diese Bedingungen legen – wie die Kostenvorteile des Instruments – die Nutzung im Rahmen einer Kostenführungsstrategie nahe.

Die Normierung von Aktivitäten durch Programme ist tendenziell umso schwieriger, je näher konkrete Entscheidungsakte rücken, da für diese im Regelfall nur allgemeine Empfehlungen – z.B. das Gebot einer ausgewogenen Berücksichtigung der relevanten Informationen – ausgesprochen werden können. Ist eine Programmierung durchführbar, können sich sachliche und zeitliche Vorteile in den Entscheidungsabläufen ergeben, da zuvor durchdachte Lösungen lediglich „abgearbeitet" werden müssen. Wie ausgeführt, ist die organisatorische Abstimmung verschiedener Bereiche über Programme unter *sehr dynamischen und komplexen Verhältnissen*, die intensivere Interaktionen und das Finden komplizierterer Antworten verlangen, weniger angemessen. Aufgrund der häufig fehlenden direkten Kontakte der abzustimmenden Organisationseinheiten kann auf dieser Basis die Entwicklung einer gemeinsamen, eventuell marktorientiert geprägten Grundhaltung im Unternehmen im Gegensatz zur Nutzung personenorientierter Koordinationsformen (z.B. Selbstabstimmung) scheitern. Programme sind insbesondere verglichen mit der Selbstabstimmung auch weniger gut geeignet, die *Motivation* der Mitarbeiter mit einer Förderung zu einem eigenverantwortlichen Verhalten zu stärken.

Die Koordination durch *Pläne* (bzw. durch den *Planungsprozess*) stellt in den meisten Unternehmen einen zentralen Koordinationsmechanismus dar. Die Wirkung von Plänen als Mittel zur Stärkung der Marktorientierung basiert darauf, dass bei der Ausgestaltung der periodisch entwickelten Vorgaben die Aktivitäten verschiedener Organisationseinheiten unter *marktgerichtetem Blickwinkel* in Einklang gebracht werden. Dies kann neben der angemessenen marktorientierten Entscheidung die – auch von dezentralen Einheiten geleistete – Einholung sowie die Verbreitung von Marktinformationen begünstigen. Auch der Planungsprozess wirkt in diese Richtung, da bereits bei der Erarbeitung der Vorgaben die Konstellationen und Handlungen unterschiedlicher Stellen unter dem Aspekt der Marktorientierung einbezogen werden können; wie bei Programmen kann die Planerstellung zur regelmäßigen Nutzung bestimmter Analyse- und Planungsmethoden führen, die eine marktorientierte Informationsgewinnung und -verbreitung unterstützen. Ein Beispiel hierfür ist der Einsatz einer SWOT-Analyse zur systematischen

Erfassung und Beurteilung der Gelegenheiten (Opportunities) und Bedrohungen (Threats) vor dem Hintergrund der – im Wettbewerbsvergleich gegebenen – Stärken (Strengths) und Schwächen (Weaknesses) des Unternehmens, um hieraus Chancen (z.B. Gelegenheiten, die genutzt werden können, weil die relevanten internen Faktoren Stärken gegenüber den Konkurrenten aufweisen) und Risiken (Bedrohungen, auf die angesichts interner Schwächen nicht adäquat reagiert werden kann, aber auch Gelegenheiten, die von Wettbewerbern aufgrund ihrer Überlegenheiten bei zentralen Aktivitäten der Wertkette besser genutzt werden können) abzuleiten.

Im Vergleich zu Programmen lässt sich bei der Entwicklung von Plänen flexibler auf aktuell auftretende, eventuell vielschichtige Informationsbedürfnisse eingehen, so dass sich dieses Instrument unter *dynamischen bzw. komplexen Umweltkonstellationen* besser für die Koordination eignet; jedoch muss eine gewisse Prognostizierbarkeit der relevanten Markt- bzw. Umweltvariablen gegeben sein. Da Pläne im Gegensatz zu Programmen auch immer Ziele enthalten, lassen sich hiermit besser Festlegungen bezüglich konkreter Gegebenheiten vornehmen. Der Aufwand für eine Planung kann in großen Unternehmen beträchtlich sein, der Entlastungseffekt für die Leitungseinheiten ist bei häufigen Korrektureingriffen unter Umständen gering; die Planung kann aber zumindest teilweise an Spezialisten delegiert werden.

Mit den Entscheidungen des Unternehmens über die Spezialisierung der Mitarbeiter bzw. der Stellen und Abteilungen, die Konfiguration (Hierarchie, Leitungssystem), die (eher zentralisierte oder dezentralisierte) Verteilung von Entscheidungsbefugnissen sowie die zu nutzenden Koordinationsinstrumente ist der *grundlegende aufbauorganisatorische Rahmen* des Unternehmens bestimmt.

4. Realisierung der Prozessorientierung als Aufgabe des Prozessmanagements

Lernziele: Sie sollen – neben einem grundlegenden Verständnis der Aufgaben einer „traditionellen" Ablauforganisation im Unternehmen – organisatorische Ansätze zur Umsetzung einer Prozessorientierung des Unternehmens kennenlernen. Da diese Maßnahmen in Unternehmen oftmals mit einem übergreifenden Prozessmanagement verzahnt sind, werden dessen grundlegende Schritte (Prozessanalyse und -gestaltung) vorgestellt. Bei der Behandlung der verschiedenen prozessorganisatorischen Ansätze und Instrumente sollen Sie in erster Linie mit den Wirkungen auf die Marktorientierung des Unternehmens vertraut gemacht werden.

Bei der organisatorischen Gestaltung ist neben einer aufbauorganisatorischen, statischen Perspektive eine *dynamische, ablauforganisatorische* Sichtweise erforderlich, die auf die Regelung der Arbeits- bzw. Betriebsprozesse gerichtet ist. Die Organisationslehre im deutschsprachigen Raum ordnet der Ablauforganisation – abgesehen von der relativ hohen Gewichtung, die ihr bei Nordsieck (1934) zukommt – traditionell einen recht geringen Stellenwert zu, sodass Überlegungen zur Ablauforganisation regelmäßig *im Gefolge* struktureller Erwägungen angestellt werden. In diesem Sinne werden die Arbeitsabläufe (vor allem *ausführender* Tätigkeiten) bei der Gestaltung der Arbeitsprozesse (siehe bereits die Anmerkungen zur *Arbeitsanalyse* und *Arbeitssynthese* in Kap. 2) in verschiedener Hinsicht geordnet (vgl. Wöhe/Döring (2005), S. 147 f.):

- Ordnung der Arbeitsinhalte
- Ordnung der Arbeitszeit
- Ordnung des Arbeitsraums
- Arbeitszuordnung.

Die *Ordnung der Arbeitsinhalte* bezieht sich (aufbauend auf den Ergebnissen der Aufgabenanalyse) auf eine verrichtungs- oder objektorientierte Aufteilung der Arbeitsinhalte. Die notwendigen Teilaufgaben werden unter dem Blickwinkel der Wirtschaftlichkeit und im Hinblick auf den zu erzielenden Erfolg der Tätigkeiten zu verbindlichen Arbeitsabläufen verkettet.

Die *Ordnung der Arbeitszeit* setzt an der Bestimmung der Zeitfolge der einzelnen Teilaufgaben (detaillierte Festlegung der Reihenfolge der Erledigung der Teilaufgaben) an und legt die Zeitdauer der einzelnen Teilaufgaben fest. Nach der kalendermäßigen Fixierung von Anfangs- und Endzeitpunkten der Arbeiten erfolgt die Übernahme in die Terminplanung.

Die *Ordnung des Arbeitsraums* stellt eine räumliche Anordnung der Aufgabenverrichtungen und Stellen her, die zur Erreichung einer hohen Wirtschaftlichkeit beitragen soll; die Anordnungen der Arbeitsplätze sollen – nach Möglichkeit – dem Arbeitsablauf entsprechen und zu minimalen Durchlaufzeiten durch kurze Transportwege beitragen.

Schließlich werden im Rahmen der *Arbeitszuordnung* die Arbeiten Stellen zugewiesen. Dies kann einzelne Personen (Einzelzuordnung) oder Gruppen (Gruppenzuordnung: Arbeit wird an eine Gruppe übertragen, die über das weitere Vorgehen entscheidet) betreffen.

In der Unternehmenspraxis erfolgen ablauforganisatorische Gestaltungen häufig jedoch nicht in diesem „rigiden" Sinne strikt im Anschluss an die Vornahme der Strukturregelungen. Angesichts enger Beziehungen zwischen Aufbau- und Ablauffragen, die in vielen Fällen *simultane Entscheidungen* erforderlich machen, wird oftmals vielmehr ein iterativer Ansatz gewählt, bei dem z.B. zunächst der aufbauorganisatorische Rahmen und die grundlegenden Arbeitsabläufe festgelegt werden, worauf etwaig notwendige Detaillierungen der Aufbauorganisation und Feinabstimmungen der Arbeitsprozesse erfolgen usw.

Grundsätzlich birgt ein Gestaltungsansatz, der die organisatorische Struktur vergleichsweise stark gewichtet, die Gefahr, dass stellen- bzw. abteilungs- und bereichsübergreifende Anforderungen an das Unternehmen und seine Abläufe zu kurz kommen. Eine stärkere *Prozessorientierung* – durch Betonung des *Prozessmanagements* bzw. der *Prozessorganisation* – ist für viele Unternehmen vor dem Hintergrund aktueller wettbewerblicher Erfordernisse dringend geboten (siehe auch die Ausführungen zum *Schnittstellenmanagement* in Kap. 5, das in hohem Maße prozessbezogene Instrumente nutzt).

So kann z.B. der Vollzug des prinzipiell ganzheitlich zu steuernden Prozesses der *Auftragsabwicklung* (Angebotserstellung, Verhandlung und Auftragserteilung, Ressourcendisposition und Planung der Auftragsrealisation, Herstellung und Distribution der Produkte, Rechnungsstellung und -versendung) in einer *funktionalen Gesamtorganisation* zu erheblichen Koordinationsbedarfen und Problemen (unzureichende Kenntnisse der Auftragsanforderungen und Weitergabe von Informationen, Abschottungstendenzen der involvierten Teilbereiche etc.) führen und die Zielerreichung gefährden. Eine Studie des *Fraunhofer Institut für Produktionstechnik und Automatisierung* unter Beteiligung von 170 deutschen Unternehmen erbringt, dass bei über 80% dieser Unternehmen drei oder mehr Organisationseinheiten einen Kundenauftrag bearbeiten; hieraus folgt eine beträchtliche Zahl an Schnittstellen, die womöglich sehr zeitintensiv überwunden werden müssen und streuende Durchlaufzeiten zur Folge haben (vgl. Kröher (2006), S. 20).

Die folgende Abbildung zeigt ein Beispiel zur Abwicklung eines Prozesses in einer funktionalen Organisation (Abb. 24):

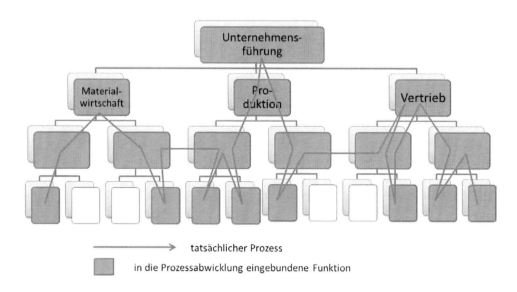

Abbildung 24: Prozessabwicklung in einer funktionalen Organisation
Quelle: Vahs (2015), S. 208.

Vor diesem Hintergrund kommt in jüngerer Zeit *ablauf- bzw. prozessorganisatorischen Ansätzen* ein erhöhter, originärer Stellenwert zu. Picot/Franck (1996), S. 17, stellen fest, dass „es in der deutschen Organisationslehre (seit geraumer Zeit) eine Rückbesinnung auf die dynamischen Aspekte der Organisation (gibt)". Von einer verbesserten Prozessdurchführung versprechen sich Unternehmen insbesondere eine adäquatere Berücksichtigung des in vielen Branchen kritischen Erfolgsfaktors „Zeit", z.B. in Form schnellerer Reaktionen auf veränderte Marktgegebenheiten (durch Markteintritte von Wettbewerbern, technologische Konvergenzen etc.) oder kurzfristige Kundenwünsche. Die These einer „neuen Zielharmonie" hinsichtlich *Qualität, Zeit und Kosten*, die zunehmende Möglichkeiten zur *gleichzeitigen* Verbesserung dieser Ziele annimmt (vgl. Abb. 25), wird häufig mit prozessorientierten Instrumenten der Unternehmensführung in Verbindung gebracht. Dies lässt deutlich werden, dass insbesondere hohe Anforderungen an die Kunden- und Wettbewerberorientierung von Unternehmen wichtige „Treiber" ihrer Prozessorientierung sind.

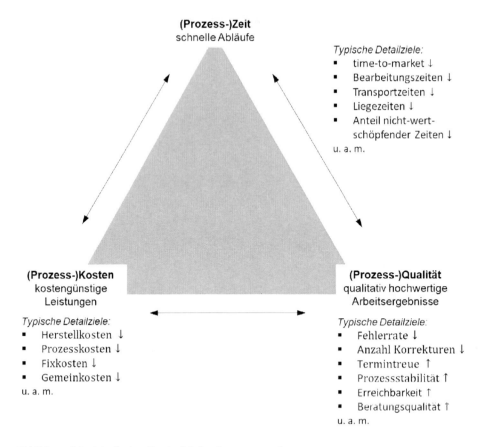

Abbildung 25: „Magisches Dreieck" der Prozessgestaltung
Quelle: Klimmer (2011), S. 112.

Maßnahmen im Bereich der *Organisation* bilden nur *ein* Handlungsfeld, um im Unternehmen die Realisation von Prozessen zu verbessern: So kann die grundlegende Organisation (Primärorganisation) zur günstigeren Berücksichtigung von Abläufen von einer funktionalen in eine *prozessbezogene* – als weitere Form der objektgerichteten – *Spezialisierung* überführt werden. Von „Prozessorganisation" wird gesprochen, „wenn die Aufgabenabgrenzung für betriebliche Teileinheiten und deren Arbeitsbeziehungen der Abfolge von Aktivitäten in einem Wertschöpfungsvorgang entsprechen. Die Abläufe richten sich hierbei also nicht nach einer irgendwie vorgegebenen Struktur, sondern sie sind ihrerseits für die Logik der Strukturbildung maßgebend" (Köhler (1998), S. 11). Prozessorientiert agierende Organisationseinheiten können in unterschiedlichem Umfang *Weisungsbefugnisse* und Durchsetzungsfähigkeit erhalten. Es gibt aber auch die Möglichkeit, die bestehende Organisation durch prozessorientierte Regelungen – in erster Linie zur Stärkung der *Koordination* – lediglich zu ergänzen (Sekundärorganisation).

Zur Gestaltung und Steuerung von Prozessen bietet sich die übergreifende Sicht des *Prozessmanagements* an. Auch wenn das Prozessmanagement nicht einmütig definiert wird (vgl. Gaitanides/Scholz/Vrohlings (1994), S. 3 ff.; Fischermanns/Völpel (2006), S. 284 ff.), lässt sich als Kern begreifen, dass dieses „planerische, organisatorische und kontrollierende Maßnahmen zur zielorientierten Steuerung der Wertschöpfungskette eines Unternehmens hinsichtlich Qualität, Zeit, Kosten und Kundenzufriedenheit (umfaßt)" (Gaitanides/Scholz/Vrohlings (1994), S. 3). Zum Aufgabenspektrum eines umfassenden Prozessmanagements gehört neben der einmaligen, fundamentalen Erneuerung des Unternehmens (Reengineering) ein permanentes Prozesscontrolling (zur kontinuierlichen Prozessverbesserung); zudem ist die Erneuerung von Prozessen (Process Redesign) zu betreiben, falls eine Neuausrichtung z.B. aus wettbewerblichen Gründen notwendig ist (vgl. Gaitanides/Scholz/Vrohlings (1994), S. 12 f.). Im Weiteren wird eine Nutzung der Möglichkeiten im Unternehmen, die sich auf die Gestaltung von Prozessen und ihrer Voraussetzungen (einschließlich organisatorischer Regelungen) beziehen, als Ausdruck einer *Prozessorientierung* verstanden (vgl. Dombrowski/Grundei/Melcher et. al. (2015), S. 63 ff.). Einen Operationalisierungsansatz zur Prozessorientierung aus Sicht des Marketing („Marketing Process Orientation") stellen Diller/Ivens (2006), S. 22 f., vor.

Die Betrachtung von Prozessen hat im Zeichen der *Marktorientierung* in den neunziger Jahren des letzten Jahrhunderts massive Impulse durch die Entwicklung von Konzepten wie „Business Reengineering" (vgl. Hammer/Champy (2001); Hammer/Champy (1994); Hammer (1990); Hammer (1995)), „Business Process Redesign" (vgl. Davenport/Short (1990)), „Core Process Redesign" (vgl. Kaplan/Murdock (1991)) u.ä. erhalten (nähere Würdigungen dazu bieten z.B. Hess/Schuller (2005)). *Hammer/Champy* verstehen *Business Reengineering* als „fundamentales Überdenken und radikales Redesign von Unternehmen und wesentlichen Unternehmensprozessen, das zu Verbesserungen um Größenordnungen in entscheidenden … Leistungsgrößen in den Bereichen Kosten, Qualität, Service und Zeit führt" (Hammer/Champy (1994), S. 66; im Orig. z.T. hervorgehoben). Das Top-down orientierte, auf beträchtliche Änderungen in recht kurzer Zeit zielende Vorgehen des Business Reengineering wird teilweise auch als „Gegenentwurf" zum „Prozessmanagement" verstanden. Zentrales Kennzeichen aller genannten Ansätze ist eine auf Prozesse bezogene Organisationsgestaltung, die auf einer funktionsübergreifenden Perspektive beruht. Hammer/Champy (1994), S. 43, formulieren dazu recht kategorisch: „Es ist nicht mehr sinnvoll oder wünschenswert, daß Unternehmen ihre Tätigkeit nach Adam Smiths Grundsätzen der Arbeitsteilung organisieren. Einzelaufgabenorientierte Arbeitsplätze sind in der heutigen Welt der Kunden, des Wettbewerbs und des Wandels nicht mehr zeitgemäß. Stattdessen müssen die Firmen die Arbeit prozeßorientiert organisieren."

Die wesentlichen *Schritte eines prozessbezogenen Vorgehens* im Unternehmen sind die *Analyse von Prozessen* und – gegebenenfalls – die darauf aufbauende *Durchführung von prozessbezogenen Gestaltungsmaßnahmen*. In der Literatur finden sich auch differenziertere Ansätze zur Behandlung betrieblicher Prozesse, die in bestimmten Anwendungskonstellationen hilfreich sein können. Davenport/Short (1990), S. 13 ff., unterscheiden die Entwicklung einer Geschäftsvision und prozessbezogener Ziele, die Festlegung der zu gestaltenden Prozesse, die Gewinnung eines Verständnisses der existierenden Prozesse (einschließlich der nötigen Messungen), die Erarbeitung neuer Prozessansätze sowie die Implementierung der gewählten Lösung.

Ein *(Geschäfts-) Prozess* umfasst eine Anzahl verbundener Tätigkeiten eines Unternehmens an materiellen oder immateriellen Gegenständen, die unter Einsatz von Ressourcen mit dem Ziel durchgeführt werden, einen Input in einen Output (dessen Anforderungen durch oder unter Berücksichtigung der Kunden definiert werden) zu transformieren (vgl. Davenport/Short (1990), S. 12).

Prozesse lassen sich unter verschiedenen Aspekten abgrenzen, z.B. anhand des (vorwiegend) betroffenen Funktionsbereiches (F&E-Prozess, Finanzierungsprozess etc.), der Wiederholbarkeit (repetitive oder innovative Prozesse) oder gemäß ihrer Umfänglichkeit (Total- vs. Partialprozesse). Sie können unterschiedliche Detaillierungsgrade aufweisen, wobei eine mögliche Prozesshierarchie Geschäftsprozess, Hauptprozess, Teilprozess und Tätigkeit umfasst (vgl. Kajüter (2002), S. 252). In Anlehnung an den Aufbau einer Wertkette werden *Kernprozesse*, die das Verhältnis zwischen dem Unternehmen und dem Absatzmarkt betreffen (Leistungsangebot definieren, Leistung entwickeln, Leistung herstellen, Leistung vertreiben, Leistung erbringen, Auftrag abwickeln) sowie *Unterstützungsprozesse* (z.B. Betreuung von Personal, Bereitstellung von Ressourcen), die die Durchführung der Kernprozesse ermöglichen, unterschieden (vgl. Gaitanides/Scholz/Vrohlings (1994), S. 16 ff., sowie weiter unten in diesem Kapitel).

Besonderes Augenmerk ist auf sog. *kritische Prozesse* zu legen, die für die strategischen Ziele, z.B. für das Erreichen von Kundenzufriedenheit als Voraussetzung des Unternehmenserfolges, von hoher Bedeutung sind. Kaplan/Murdock (1991), S. 30, bezeichnen in diesem Sinne einen Kernprozess: „(A) core process is focused on one or more of the strategic objectives that determine competitive success. Stated in terms of time, quality (product or service), and cost, they could be faster time-to-market, improved on-time delivery, or reduced administration costs." Die folgende Abbildung zeigt die auf zwei

Kriterien – *Einfluss auf den Unternehmenserfolg* und *Bedeutung für externe Kunden* – basierende Einstufung von Prozessen des Unternehmens (Abb. 26).

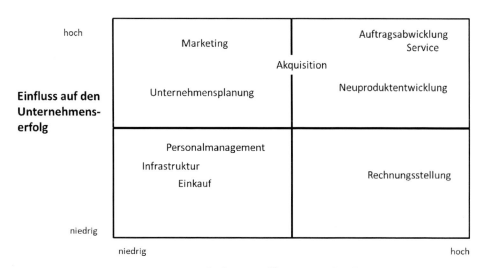

Abbildung 26: Kriterien zur Bestimmung kritischer Prozesse
Quelle: In Anlehnung an Vahs (2015), S. 222.

Hiernach sind die Auftragsabwicklung, der Service und die Neuproduktentwicklung als *kritische Prozesse* aufzufassen, da sie *beiden* oben angeführten Kriterien in hohem Maße genügen. Die Akquisition bleibt in ihrer Bedeutung für den Kunden in der obigen Einschätzung etwas zurück, beeinflusst aber in beträchtlichem Maße den Erfolg des Unternehmens. Es versteht sich von selbst, dass derartige Beurteilungen stets stark von den konkreten Umständen eines Unternehmens abhängig sind, so dass sich die eingetragenen Positionen der Prozesse kaum verallgemeinern lassen. So kann es unter anderen Bedingungen leicht vorkommen, dass sich Einkauf und Personalmanagement als kritische Prozesse erweisen.

In der *Prozessanalyse* sind die Prozesse des Unternehmens mit ihren einzelnen Schritten und unter Berücksichtigung ihrer sachlichen, zeitlichen und räumlichen Verknüpfungen (auf Prozess- und Teilprozessebene) zu erfassen und unter Relevanzaspekten – als Grundlage für eine Priorisierung – einzustufen. Die Beurteilung der aktuell realisierten Ergebnisse der Prozesse (aufbauend auf leistungsfähigen prozessbezogenen Kriterien und Indikatoren und ihrer fortlaufenden Messung) hinsichtlich Kundenzufriedenheit (sofern bedeutsam), Qualität, Zeit und Kosten führt zu ersten Einschätzungen bezüglich prozessbezogener Handlungsbedarfe.

Unter dem Blickwinkel möglicher Veränderungen ist z.B. zu untersuchen, welche Prozesselemente besondere Stärken und Schwächen aufweisen, häufig in Anspruch genommen werden, für die Dauer eines Prozesses maßgeblich oder anfällig für Schnittstellenprobleme (z.B. durch „Organisationsbrüche" aufgrund einer Vielzahl involvierter Mitarbeiter oder „Medienbrüche") sind (vgl. z.B. Kajüter (2002), S. 256 ff.).

Die *Gestaltung von Prozessen* (oder Teilprozessen) kann grundsätzlich zeitbezogene Regelungen (z.B. im Hinblick auf die Dauer von Aktivitäten oder die Termine der Aufgabenerfüllung), räumliche Regelungen (Raumgestaltung, Transportwege etc.) oder sachliche Regelungen, die z.B. die Elimination verzichtbarer Schritte von Prozessen bedeuten können, vorsehen.

Eine Systematik, die sowohl grundlegende – den Umfang von Prozessen und Aktivitäten im Unternehmen verändernde – als auch detaillierte, die Binnenperspektive von Prozessen betreffende Gestaltungsmaßnahmen behandelt, zeigt die folgende Übersicht (Abb. 27):

Prozessbereinigung	Prozessverlagerung	Änderung der Ablaufstruktur
Eliminierung von nicht-wertschöpfenden Prozessen bzw. Aktivitäten	Verlagerung von Prozessen als In- oder Outsourcing	Veränderungen von Prozessen zur Verbesserung von Prozessgeschwindigkeiten, -qualitäten etc.: • Zusammenfassen von Teilprozessen • Parallelisieren von Teilprozessen • Umstellen von Teilprozessen • Hinzufügen weiterer Teilprozesse • Automatisieren von Teilprozessen

Abbildung 27: Ansatzpunkte für Gestaltungsmaßnahmen des Prozessmanagements
Quelle: Auf Basis von Kajüter (2002), S. 254 ff.

Die *Prozessbereinigung* sucht nicht-wertschöpfende Prozesse zu erkennen und – falls möglich – zu eliminieren. „Wert" ist aus Kundensicht zu verstehen und entspricht dem Nutzen, den Kunden aufgrund eines Prozessergebnisses realisieren können. Während direkt wertschöpfende Aktivitäten unmittelbar für Kunden Nutzen erzeugen (z.B. Herstellungsaktivität, die zu einer vom Kunden geschätzten Produkteigenschaft führt), fördern indirekte Aktivitäten diesen mittelbar, weil Voraussetzungen für die Wertschöpfung geschaffen oder verbessert werden – hierzu gehören z.B. die Weiterbildung von

Mitarbeitern und die Durchführung von Marktforschung zum besseren Verständnis von Kundenproblemen (vgl. Kajüter (2002), S. 259).

Zudem wird für die Prozesse und Aktivitäten der bestmögliche „Standort" in Bezug auf die unternehmens*übergreifende* Wertkette gesucht. Dies kann zu einer *Prozessverlagerung* aus dem Unternehmen an Marktpartner (Outsourcing) oder aus der Sphäre der Marktpartner ins Unternehmen (Insourcing) führen. Wesentliche Entscheidungskriterien sind die Bewahrung oder Förderung von Kernkompetenzen, die in den verschiedenen Konstellationen anfallenden Prozesskosten und die Vermeidung oder Aufhebung strategischer Risiken im Falle der Abhängigkeit einer Leistungserbringung von einem nicht oder kaum zu ersetzenden Marktpartner (vgl. Kajüter (2002), S. 259 f.).

Die *Änderung der Ablaufstruktur* rückt einzelne Aktivitäten von Prozessen und die Rahmenbedingungen ihrer Ausführung in den Mittelpunkt von Optimierungsbemühungen. Es kann sich z.B. um die Zusammenfassung von Teilprozessen (zur Vermeidung von Schnittstellen) oder ihre Parallelisierung (zur Erhöhung der Prozessgeschwindigkeit) handeln (vgl. Vahs (2015), S. 244 ff.).

Die angeführten Maßnahmen können die Qualität der angebotenen Leistungen des Unternehmens erhöhen (z.B. bei Übertragung von Prozessen an spezialisierte Marktpartner, Fehlervermeidung durch weniger anfällige Prozessdesigns), die Durchlaufzeit von Prozessen verkürzen oder die Kosten senken – und damit jeweils zur Markt- bzw. Kundenorientierung des Unternehmens beitragen. Die Realisierung der Maßnahmen steht in enger Beziehung zu unterschiedlich dimensionierten *organisatorischen Regelungen* (z.B. Organisationsanpassung des Unternehmens nach einem Outsourcing von Prozessen, Veränderung von Ablaufregelungen angesichts unbefriedigender Ergebnisse bei strukturell aber unmodifizierten Prozessen). Unter Bezugnahme auf die Veränderung der grundlegenden Unternehmensorganisation (Primärorganisation) im *Spannungsfeld zwischen funktionaler und prozessbezogener Spezialisierung* existieren verschieden intensive Ausgestaltungsformen prozessbezogener Organisationsregelungen (vgl. Picot/Franck (1996), S. 29 ff.; Davenport/Short (1990), S. 23):

- *Funktional orientierte Primärstruktur* mit *prozessbezogener Ergänzung*: Unter Beibehaltung einer funktionalen Grundspezialisierung kümmern sich Prozesseigner („Process owner"), die als *Stäbe* verankert sind, um eine Verbesserung der Prozessabwicklung und der relevanten informatorischen Grundlagen
- *Duale (mehrdimensionale) Struktur unter Berücksichtigung von Prozessen*: (Un-)Gleichgewichtige Synthese zwischen Funktions- und Prozessorientierung unter Nutzung funktionsübergreifend tätiger Prozess-Manager, die eine *matrixartige* Konstellation begründet; als zentrale Aufgaben der Prozess-Manager werden die Interessenvertretung der Prozesse gegenüber den Funktions-Managern, die Überprüfung der Zufriedenheit der Kunden mit den Prozessergebnissen sowie die Messung der relevanten Prozessergebnisse verstanden
- *Prozessorientierte Primärstruktur* (mit Prozessen als Grundlage für die Aufbaugliederung des Unternehmens).

Die konsequenteste Verankerung der Prozessebene findet im Rahmen der dritten Form („Reine Prozessorganisation") statt, die Aufgabenzuständigkeiten, Verantwortungen und Entscheidungskompetenzen für jeweils wesentliche Prozesse des Unternehmens (Innovationsprozess etc.) in eigenen Unternehmenseinheiten bündelt, so dass bestmögliche Umstände für ihre Koordination entstehen (vgl. Abb. 28).

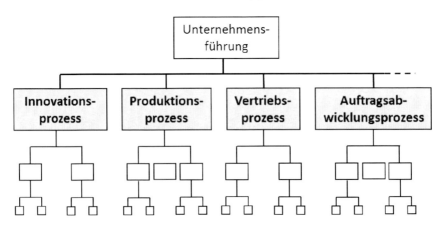

Abbildung 28: Reine Prozessorganisation
Quelle: Klimmer (2011), S. 101.

Für die *Durchführung der Prozesse* können einzelne Personen oder Teams zuständig sein, *Hammer et al.* sprechen hierbei von „Caseworker" und „Case-" oder „Prozessteam". Der Caseworker ist für einen vollständigen Unternehmensprozess von Anfang bis Ende verantwortlich, ein Caseteam zeichnet sich dadurch aus, dass es zusammen über die Fähigkeiten verfügt, die für einen Prozess benötigt werden. Bearbeitet ein Team vorrangig einmalige, innovative Aufgaben (z.B. Produktentwicklung), wird von einem Prozessteam gesprochen; das Caseteam ist auf wiederkehrende Aufgaben gerichtet (vgl. Hammer/Champy (1994), S. 73 und S. 91 ff.).

Angesichts der engen Verbundenheit zwischen Maßnahmen, die sich auf die Analyse und die unmittelbare Durchführung von Prozessen sowie die Gestaltung ihrer organisatorischen Rahmenbedingungen beziehen, ist es zweckmäßig, Instrumente der Prozessgestaltung bzw. -organisation zusammenhängend zu betrachten. Hierbei lassen sich Möglichkeiten zur *Abbildung von Prozessen* (Entwicklung von Kennzahlen zur Prozessmessung, regelmäßige Messung von Prozessen), zur *verbesserten Durchführung von Prozessen* (Erstellung von Zielvorschriften und Ablaufplänen, Beseitigung von Schnittstellenproblemen, Verlagerung von Kompetenzen an ausführende Stellen) sowie zur *Regelung prozessualer Zuständigkeiten* (z.B. Ernennung von Prozessverantwortlichen) einbeziehen (vgl. Homburg/Gruner/Hocke (1997), S. 108 ff.).

Die *organisatorischen Maßnahmen zur Prozessgestaltung* wirken mit unterschiedlicher Intensität auf die betrieblichen Abläufe ein. Dabei können nachdrücklich wirkende Instrumente (z.B. Bildung geschlossener Organisationseinheiten gemäß der Prozesserfordernisse im Rahmen der *Reinen Prozessorganisation*, siehe oben) die *Wirtschaftlichkeit des Ressourceneinsatzes* gefährden. Wie bei anderen objektorientierten Organisationsformen bedeutet der Verzicht oder die Einschränkung einer verrichtungsorientierten Gliederung und die Aufgabenzuordnung zu Prozessteams, Prozess-Managern etc. einen Verlust von Effizienz- bzw. Spezialisierungsvorteilen. Allerdings fördert eine ganzheitlich orientierte, durchgängige Aufgabenzuweisung potenziell die *Motivation* der Mitarbeiter. Die Bildung abgeschlossener, auf den Markt bezogener Prozessbereiche verbessert auch die Möglichkeit, marktgerichtete Verantwortung an die Mitarbeiter zu übertragen.

Es hängt von der Ausstattung der prozessorientierten Einheiten mit Ressourcen ab, in welchem Umfang ein organisatorischer Überschuss entsteht, der für die *Flexibilität* vorteilhaft ist. Die Prozessorganisation kann die Abstimmungskosten senken und die Unternehmensleitung von *Koordinationserfordernissen* befreien, wenn nicht z.B. starke Abhängigkeiten zwischen einzelnen Prozessen herrschen.

Die Umsetzung der *Marktorientierung durch prozessbezogene Maßnahmen* wird in der wissenschaftlichen und praktischen Auseinandersetzung stark beachtet. Eine mögliche konzeptionelle Grundlage für die Ableitung von Prozessen und ihre Analyse unter dem Blickwinkel von Markterfordernissen bietet die *Wertkette* (vgl. Porter (2014) und bereits Kap. 3.1.1).

Die Wertkette gliedert ein Unternehmen (oder eine Unternehmenseinheit) in strategisch relevante Aktivitäten (Wertaktivitäten), die unter dem Aspekt der Erzielung von Wettbewerbsvorteilen betrachtet werden. Während *primäre Aktivitäten* wie z.B. Eingangs- und Ausgangslogistik, Fertigung oder Vertrieb die physische Herstellung der Leistungen und ihren Absatz betreffen, sorgen *unterstützende Aktivitäten* (z.B. Beschaffung, Technologieentwicklung) für die Rahmenbedingungen, indem die für die Durchführung der primären Aktivitäten notwendigen Einsatzgüter, Technologien etc. zur Verfügung gestellt werden. Jede Aktivität der Wertkette ist als mögliche Quelle von Wettbewerbsvorteilen zu verstehen, wobei Verbesserungen der Kosten z.B. auf günstigen Beschaffungsquellen oder einer rationalisierten Produktion und Differenzierungen auf hochwertigen Materialien oder neuartigen Fertigungstechniken beruhen können.

Die Wertkette hilft, konkrete marktgerichtete Prozesse eines Unternehmens zu identifizieren und unterstützt ihre Beurteilung im Hinblick auf Optionen zur Bildung oder Verstärkung von Wettbewerbsvorteilen oder auf Koordinationsbedarfe zwischen Organisationseinheiten des Unternehmens. Bei der Auswahl von Abläufen, die prozessorganisatorisch geregelt werden sollen, ist zu beachten, dass ein bestimmter Strukturierungsgrad vorliegen muss. Der umfassende Ansatz der Wertkette legt – insbesondere in Verbindung mit Überlegungen zur Prozessgestaltung – eine *über die Unternehmensgrenzen hinausgehende Sichtweise* nahe, wie sie für die Gestaltung der internen und externen Schnittstellen des Unternehmens produktiv ist.

Die marktgerichtete Prozessgestaltung kann zudem auf umfassend angelegte *Systematiken von Prozessen* unter dem Aspekt der *Marktorientierung* eingehen und passende Regelungen für die als Prozesselemente zu verstehenden Aktivitäten (Gewinnung, Verarbeitung und Verbreitung marktrelevanter Informationen) vornehmen. Day (1994) erfasst die Marktorientierung auf Basis von *Fähigkeiten*, die mit bestimmten Prozessen korrespondieren. Die wesentliche Annahme lautet, dass Unternehmen „can become more market oriented by identifying and building the special capabilities that set market-driven organizations apart" (Day (1994), S. 38). Es werden drei Gruppen von Fähigkeiten mit unterschiedlichen Orientierungen angeführt (vgl. Abb. 29).

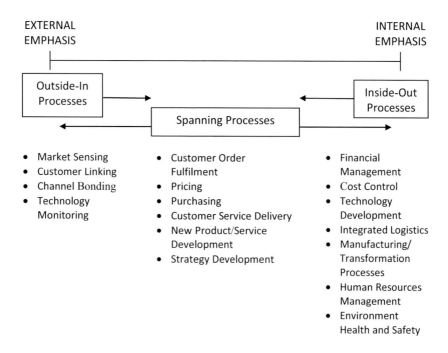

Abbildung 29: Klassifikation von Fähigkeiten
Quelle: Day (1994), S. 41.

Wesentliche Bedeutung haben Fähigkeiten mit einer *Outside-In Perspektive*, vor allem die Market-sensing und Customer-linking capability (vgl. Day (1994), S. 40 ff.). Im Hinblick auf *Market-sensing* (systematische Erfassung, Verteilung, Interpretation und Nutzung von Marktinformationen) zeichnen sich leistungsfähige Unternehmen durch offene Prozeduren (bei denen z.B. alle relevanten Einheiten in das Scanning einbezogen sind, umfassendes Benchmarking betrieben wird, kontinuierlich Lerneffekte realisiert sowie Konkurrenten analysiert werden), wechselseitigen Austausch von Informationen im Unternehmen, angemessene Interpretationsgrundlagen (mentale Modelle der Mitarbeiter) sowie für alle relevanten Mitarbeiter zugängliche Speicher aus. Die *Customer-linking capability*, die enge Beziehungen zu Kunden anstrebt, beinhaltet eine intensive Kommunikation im Unternehmen und koordinierende Aktivitäten (z.B. im Bereich der Informationssysteme). In einer späteren Arbeit behandelt *Day* in diesem Kontext zudem „anticipatory strategic thinking" als relevante Capability (vgl. Day (2000), S. 36).

Spanning capabilities verbinden in horizontaler Sicht Aktivitäten und Fähigkeiten des Unternehmens und adressieren „anticipated needs of customers identified by the outside-in capabilities and meet the commitments that have been made to enhance relationships. Order fulfillment, new product development, and service delivery processes all play this role. Managing these horizontal processes so they become distinctive capabilities that competitors cannot readily match is very different from managing a vertical function in a traditional hierarchical organization" (Day (1994), S. 42). Die angeführten Prozesse – zu denen sich weiter auch die Integrierte Kommunikation, die Ahlers (2006) unter dem Aspekt eines prozessorganisatorischen Ansatzes behandelt, anfügen lässt – sind im Regelfall Kernprozesse. Passend charakterisieren Kaplan/Murdock (1991), S. 28, einen Kernprozess als „one that captures cross-functional interdependencies and links improvement efforts to a shared set of strategic objectives."

Auch die von *innen nach außen laufenden Prozesse* (z.B. produktions- oder unternehmensübergreifende Logistikvorgänge) bieten zumindest mittelbare Ansätze zur Stärkung der Marktorientierung. Es muss aber, wie angeführt, ein bestimmter Standardisierungsgrad der fraglichen Prozesse gegeben sein.

Die Anwendung prozessorientierter Gestaltungsmaßnahmen verlangt die *Auswahl* der zu regelnden Prozesse und der einzusetzenden Maßnahmen. Die Prozessauswahl sollte die mögliche „Hebelwirkung" auf die Marktorientierung berücksichtigen, um die Bemühungen auf die Abläufe zu konzentrieren, die für das marktorientierte Unternehmensverhalten einen hohen Stellenwert haben (z.B. Leistungsschritte, die nötig sind, um einen hohen Kundennutzen zu schaffen). Zudem sind die organisatorischen Kosten prozessbezogener Veränderungen ins Kalkül zu ziehen, wobei auch der Verzicht auf Effizienzvorteile zu beachten ist, die z.B. eine verrichtungsorientierte Struktur als Ausgangslösung bietet. Hammer/Champy (1994), S. 158 ff., schlagen als Kriterien für die Auswahl von Prozessen für ein Reengineering vor: Ausmaß von Dysfunktionen in Prozessen (schlechtes oder falsches Funktionieren von Prozessen, was z.B. an zu hohen Lagerbeständen oder umfassenden Nacharbeiten an Produkten erkennbar sein kann), Bedeutung von Prozessen für Kunden sowie Machbarkeit und Erfolgschancen eines Reengineering-Projektes (etwa in Abhängigkeit vom erforderlichen Projektumfang).

Die Ergebnisse von *Spanning processes* bzw. *Kernprozessen* (z.B. Leistungserstellung, Auftragsabwicklung, Entwicklung neuer Produkte) sind für die Kunden des Unternehmens unmittelbar bedeutsam. Diller/Saatkamp (2002), S. 242 ff., identifizieren in ihrer empirischen Studie, dass Unternehmen in diesem Bereich häufig beträchtliche Probleme haben. Materiell steht hierbei neben der Flexibilität (z.B. kurzfristig mögliche Anpassung von Prozessen an Kundenwünsche) oft die *Prozessgeschwindigkeit* im Mittelpunkt, zu deren Erhöhung sich z.B. die *Einrichtung von Process owners* anbietet. Angesichts standardisierbarer Aktivitäten konnte beim Versicherungsunternehmen *Mutual Benefit Life* die Zeit für die Bearbeitung eines Auftrags (mit insgesamt 30 Arbeitsschritten) nach einer prozessorientierten Reorganisation auf zwei bis fünf Tage (nach fünf bis

25 Tagen) verringert werden. Statt mit einem Antrag fünf Abteilungen und 19 Sachbearbeiter zu beschäftigen (Überprüfung der Bonität des Antragstellers, Tarifermittlung etc.), wurde der Prozess einem „Casemanager" zur selbständigen Abwicklung – mit Unterstützung von Informations- und Kommunikationstechnologien (Datenbank, Computernetze) sowie in schwierigen Fällen von Fachleuten – übertragen (vgl. Hammer (1990), S. 106 f.; Hammer (1995), S. 97). In einem ähnlichen Sinne agieren sog. *Prozesspromotoren*, die sich um die bessere Überbrückung oder Elimination von Schnittstellen bemühen (siehe ausführlich Kap. 5.1).

Die in jüngerer Zeit stark voranschreitende *Digitalisierung* von Prozessen in Unternehmen wird zu weiteren Ablaufverbesserungen in Bezug auf Geschwindigkeit, aber auch Qualität und Kosten führen. Im gegenwärtigen Umbau des Versicherungskonzerns *Allianz SE* spielt die *kundenorientierte Ausrichtung und Standardisierung der Prozesse* auf Basis der Digitalisierung eine große Rolle: „Sämtliche Arbeitsabläufe sollen aus Sicht der Kunden optimiert werden, sodass am Ende global einheitliche Prozesse stehen. Ganz gleich, ob ein Einbruch in Schanghai oder in San Francisco gemeldet wird. Das zieht zunächst zwar enorme Investitionen in Software und Organisationsentwicklung nach sich, die sich später über effizientere Abläufe und Systeme aber weitgehend selbst amortisieren sollen" (Maier/Palan (2016), S. 53).

Ein *kombinierter Einsatz von Prozess- und Kunden-Management* ist bei Prozessen zur Durchführung von Kundentransaktionen vorteilhaft, um marktgerechte Leistungsangebote zu realisieren (vgl. Gaitanides/Raster/Rießelmann (1994), S. 212 ff.). Kunden-Manager verfügen aufgrund der Position an der Schnittstelle zum Kunden über die besten Voraussetzungen im Unternehmen, um die jeweiligen Anforderungen an die Produkte (Spezifikationen, Qualitäten etc.) zu erfassen und in diesem Sinne auf die Abläufe und die Ergebnisse der vorgelagerten Prozesse einzuwirken. Zudem ist der Kunden-Manager „in der Lage, überflüssige Teilprozesse zu identifizieren und die Eliminierung derselben anzuregen bzw. zu veranlassen" (Gaitanides/Raster/Rießelmann (1994), S. 220). Sofern er über ausreichende Kompetenzen verfügt, ist eine umfassende Koordination der verschiedenen Prozesse möglich (vgl. Gaitanides/Raster/Rießelmann (1994), S. 219 ff.). Auch eine *Zusammenarbeit zwischen Prozess- und Produkt-Management* ist günstig, da Produkt-Manager aus Sicht der von ihnen betreuten Produkte Anforderungen an Prozesse (z.B. zur Entwicklung neuer und Modifikation alter Produkte) formulieren und auf die nötige Umsetzung hinwirken können. Knox (1994) postuliert mit seinem Vorschlag, die Steuerung von Produkten und Marken als dominanten „Core Process" im Unternehmen zu begreifen („Integrated Brand") und darauf gerichtete Fähigkeiten im Unternehmen (z.B. Relationship Management) zu entwickeln, einen umfassenden Ansatz.

Die *Outside-In orientierten Prozesse* (Market-sensing, Customer-linking) bieten ebenso Optionen zur Stärkung der Marktorientierung, die z.B. durch Prozess-Manager innerhalb des Marketingbereiches (im Rahmen einer Matrix) ausgeschöpft werden können. Dabei ist es sinnvoll, über eine Anwendung prozessorganisatorischer Instrumente im Rahmen der Gestaltung eines umfassenden *Systems marktgerichteter Prozesse* zu entscheiden. *Day* betont die nötige Abstimmung zwischen „core value development and delivery processes" und „supporting processes such as human resources" (Day (1999), S. 19). *IBM* definierte ausgehend von den Anforderungen des Customer relationship Management Ziele für zehn Unterstützungsprozesse wie „Opportunity Management", „Customer satisfaction Management" oder „Market Management", um diese bewusst gestalten zu können. „The pivotal process was market management based on the familiar sequence of analyzing markets, identifying and selecting segments, and devising strategies for each segment. The output of this tidy process fed all the other processes" (Day (1999), S. 20).

Während im Falle von *Spanning capabilities* und *Outside-In Prozessen* die verbesserte *Abbildung von Prozessen* durch Kennzahlen und ihre regelmäßige Nutzung zur Prozessmessung dafür sorgen, dass marktgerichtete Defizite (z.B. ungenügende Abstimmung von Schnittstellen beim Umgang mit Kundenbeschwerden) leichter erkannt werden, helfen die *Erstellung von Zielvorschriften* und *Ablaufplänen*, diese Prozesse strikter auf bestimmte Ergebnisse hin auszurichten. Jedoch greifen Ablaufpläne im Vergleich zu einem diskretionären Ansatz der Vorgabe von Zielen stärker in Aktivitäten ein (z.B. Erfordernis zur Einholung von Informationen oder zur Abstimmung mit anderen Organisationseinheiten), so dass womöglich dysfunktionale Wirkungen bezüglich der Mitarbeitermotivation folgen.

In *situativer Hinsicht* ist eine konsequent prozessorientierte Gliederung des Unternehmens insbesondere dann zu erwägen, wenn es sich um kritische, für Endverwender oder Handelspartner bedeutsame Prozesse handelt. Gerade die Abhängigkeit von starken Partnern kann einen angepassten Zuschnitt einschlägiger Prozesse (z.B. Auftragsabwicklung) erfordern. Weiterhin spricht die Beschleunigungsleistung prozessorganisatorischer Maßnahmen dafür, diese insbesondere in dynamischen Umwelten einzusetzen.

5. Organisationsgestaltung als Gestaltung interner und externer Schnittstellen

Lernziele: Sie sollen mit Ansätzen zur organisatorischen Regelung von Schnittstellen vertraut gemacht werden, deren Bewältigung grundsätzlich die Erfolgsposition von Unternehmen verbessern kann. Unter Rückgriff auf eine systematische Konzeption des Schnittstellenmanagements sollen Sie mit unternehmensinternem Bezug einschlägige Instrumente (Integrationseinheiten, Kommissionen, Projektmanagement, prozessbezogene Maßnahmen) kennenlernen und problemorientiert bewerten können (Kap. 5.1). Schließlich sollen Sie eine Übersicht über Ansatzpunkte eines externen Schnittstellenmanagements (zur Regelung der Schnittstellen mit unternehmensexternen Partnern) gewinnen (Kap. 5.2).

Insbesondere die schwieriger gewordenen Markt- und Wettbewerbsbedingungen bringen für viele Unternehmen die Notwendigkeit mit sich, ihre Organisationseinheiten stärker miteinander zu verbinden und für die Bewältigung *gemeinsam bestehender Anforderungen* die bestmöglichen strukturellen und prozessualen Voraussetzungen zu schaffen. Dies kann z.B. die Ausrichtung aller Abteilungen auf das Schaffen von *Wettbewerbsvorteilen* des Unternehmens durch enge Interaktionsbeziehungen zwischen Marketing und anderen (funktionalen) Organisationseinheiten (z.B. Produktion, F&E) oder die Abstimmung mehrerer unabhängig agierender Produktsparten, die für ausgewählte Kundengruppen *Systemangebote* entwickeln sollen, bedeuten. Hiermit ist die Behandlung von *Schnittstellen* im Unternehmen durch ein geeignetes (internes) Schnittstellenmanagement angesprochen. Eine vergleichbare Problematik betrifft die organisatorische Abstimmung mit *Marktpartnern* des Unternehmens, die vom externen Schnittstellenmanagement behandelt wird.

„Schnittstellen entstehen, wenn sachlich eng verbundene Arbeitsgebiete durch Funktionsteilung verselbständigt werden, so daß es dann ergänzender Vorkehrungen bedarf, um an den inhaltlich gemeinsamen Berührungspunkten für eine Zielausrichtung im Interesse der Gesamtunternehmung zu sorgen" (Köhler (1993), S. 170). Hiermit geht es um die *Integration* in einem Unternehmen, die Lawrence/Lorsch (1967b), S. 142, als „achievement of unity of effort among the major functional specialists in a business" verstehen. Die angeführten Schnittstellen existieren in einem Unternehmen auf der Ebene *gleichgeordneter* organisatorischer Teilbereiche, die innerhalb ihrer Kompetenzen über Handlungsautonomie verfügen und sich z.B. im Hinblick auf Ziele, Sprache oder Selbstverständnis unterscheiden können; die Teilbereiche müssen zur Erfüllung ihrer Aufgaben miteinander interagieren, wobei eine Koordination nicht über direkte gemeinsame Vorgesetzte geleistet wird (vgl. Brockhoff/Hauschildt (1993), S. 399 f.).

Neben *internen* Schnittstellen (z.B. zwischen Funktionen oder Kundensparten, die bei ihren Angeboten auf gleiche oder ähnliche Produktlösungen rekurrieren) weisen Unternehmen durch Kooperationen mit Handelspartnern, Logistikdienstleistern oder Marktforschungseinrichtungen etc. oder die Beteiligung an Netzwerken mitunter vielfältige *externe* Schnittstellen auf. An den entstehenden Berührungspunkten zur Umwelt sind ebenso angemessene organisatorische Reglungen zu gestalten, um die Aufgabenerfüllung des Unternehmens und seiner Partner sicherzustellen (externes Schnittstellenmanagement). Auch die oben behandelten *Prozesse* und ihre Regelungen können eine Schnittstellenbewältigung leisten. Die weiteren Ausführungen fokussieren das *interne* Schnittstellenmanagement. Nach dem folgenden Teilkapitel werden zentrale Ansatzpunkte für ein externes Schnittstellenmanagement von Unternehmen behandelt.

5.1 Konzeption und Instrumente des internen Schnittstellenmanagements

Ein wohlverstandenes Schnittstellenmanagement im Unternehmen basiert auf einer abgewogenen Konzeption, die – unter anderem – die Instrumente bestimmt, die in diesem Zusammenhang zum Einsatz gelangen sollen.

5.1.1 Übersicht über Vorgehen und Instrumente

Die *Konzeption* des Schnittstellenmanagements eines Unternehmens wird maßgeblich durch den Umgang mit dessen zentralen Problemfeldern geprägt. Als wesentliche Probleme eines Schnittstellenmanagements können die Beurteilung der Notwendigkeit des Einsatzes von Maßnahmen des Schnittstellenmanagements, die Auswahl geeigneter Maßnahmen sowie die Bestimmung der Einheiten, denen die Aufgabe der Abstimmung übertragen wird, verstanden werden (vgl. Frese/Graumann/Theuvsen (2012), S. 245 ff.). Den weiteren Ausführungen zur Gestaltung des Schnittstellenmanagements liegt folgender Bezugsrahmen zugrunde (Abb. 30):

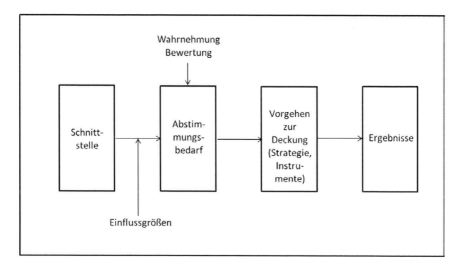

Abbildung 30: Bezugsrahmen zur Gestaltung des Schnittstellenmanagements

Die verschiedenen *Schnittstellen* des Unternehmens begründen in der Regel einen – intensitätsweise näher zu konkretisierenden – *Abstimmungsbedarf*, der als Koordinationserfordernis in Bezug auf Aufgabeninhalte und Entscheidungen zu verstehen ist; insofern stehen die weiteren Ausführungen in enger Verbindung zu den Überlegungen in Kap. 3.4. Der Abstimmungsbedarf steht nicht im objektiven Sinne fest, sondern wird von Aufgabenträgern *subjektiv wahrgenommen* und *bewertet*; hierbei sind Zugehörigkeiten zu funktionalen Bereichen, Rollenverständnisse von Managern oder Werte und Normen des Unternehmens bedeutsam. Die Dringlichkeit, mit der eine Abstimmung erfolgen sollte, wird durch Indikatoren wie die Anzahl und die Intensität von Konflikten oder informationellen Störungen verdeutlicht; sie hängt von internen (z.B. Abhängigkeiten zwischen Unternehmenseinheiten) und externen Einflussgrößen (z.B. Wettbewerbsstrategien der Konkurrenten) ab. Um Abstimmungsbedarfe zu decken, können verschiedene *Instrumente* eingesetzt werden, deren Nutzung vom Unternehmen strategisch geplant werden kann. Der Instrumenteeinsatz führt zu *Ergebnissen*, die von den intendierten Wirkungen abweichen oder ihnen entsprechen können. Die Erfassung der Ergebnisse kann an den Indikatoren zur Beurteilung des Abstimmungsbedarfs ansetzen (z.B. konfliktbezogene Größen).

In inhaltlicher Sicht stehen in vielen Unternehmen die *Schnittstellen zwischen Marketing und Produktion* (vgl. z.B. Rho/Hahm/Yu (1994); Wermeyer (1994); Ziegler (2014)) sowie *Marketing und F&E* (vgl. z.B. Souder/Chakrabarti (1978); Brockhoff (1994); Faix (2015); Faix (2018)) im Mittelpunkt der Betrachtung. Die Diskussion um Managementkonzepte wie *Reengineering* und *Total Quality Management* zeigt das starke Interesse der Unternehmenspraxis an der Koordination dieser Bereiche. *Fritz* untersucht die Intensität der Zusammenarbeit des Marketing-Bereichs mit dem Produktions- sowie dem F&E-Bereich in einem Unternehmen und ihre Bedeutung für den Stellenwert der Marktorientierung innerhalb der Führungskonzeption sowie den Beitrag der Marktorientierung zum Erfolg eines Unternehmens (vgl. Fritz (1992), S. 285 f.; Fritz (1997), S. 64 ff.). Die Studie zeigt, dass „offensichtlich gerade das Zusammenspiel von Marketing, Produktion sowie Forschung und Entwicklung und somit nicht die einseitige Hervorhebung eines dieser Bereiche" (Fritz (1992), S. 297) den Unternehmenserfolg fördert. Eine Untersuchung bei 254 börsennotierten Unternehmen über die Beziehung zwischen der Marktorientierung und den an der Börse gebildeten Unternehmenswerten erbringt, dass Konflikte zwischen Unternehmensbereichen wie F&E und Produktion und dem Marketing negative Konsequenzen für die Marktorientierung haben (vgl. Hanser (2007), S. 26 ff.). Insbesondere bei der Hervorbringung von *Produktinnovationen* eines Unternehmens, die häufig von Neuerungen in der Produktion (Prozessinnovationen) begleitet werden, ist eine reibungslose Abstimmung der angeführten Bereiche von hoher Bedeutung für den Innovations- und Unternehmenserfolg.

Das Verhältnis verschiedener Funktionen im Unternehmen im Hinblick auf die *Beteiligung an Entscheidungen* einer Funktion behandeln Krohmer/Homburg/Workman (2002). Sie finden in einer Befragung von 280 US-amerikanischen und 234 deutschen Managern aus Konsum- und Industriegüterunternehmen, dass Geschäftseinheiten mit *funktionsübergreifenden Einflüssen auf Marketing-Aktivitäten* überlegene Ergebnisse – bezogen auf Effektivität, Effizienz und Anpassungsfähigkeit an geänderte Marktbedingungen – erzielen. Dabei wird erfasst, inwieweit verschiedene Funktionen (Marketing, Vertrieb, F&E, Produktion, Finanzen/Rechnungswesen) am Zustandekommen absatzmarktgerichteter Entscheidungen (über neue Produkte, preispolitische Maßnahmen etc.) beteiligt sind und in diesem Kontext Macht besitzen. Dass überlegene Ergebnisse erzielt werden, ist aber nicht mit Sicherheit zu erwarten, da funktionsübergreifende Einflüsse auf Entscheidungsprozesse auch Konflikte, verzögerte oder sachlich schlechtere Entscheidungen mit sich bringen können. Die funktionsübergreifenden Einflüsse auf Marketing-Aktivitäten, die über die reine Verbreitung von Informationen hinausgehen, können – neben Möglichkeiten wie z.B. Job Rotation – durch *interfunktionale Teams* geleistet werden.

Der *Abstimmungsbedarf* an einer Schnittstelle wird durch unternehmensinterne und –externe Größen geprägt. Eine differenzierte Analyse der Koordinationserfordernisse aus Sicht des *Marketing* erlaubt der von Ruekert/Walker (1987) entwickelte *Bezugsrahmen*, der die Interaktionen zwischen Marketing- und anderen funktionalen Einheiten des Unternehmens vor dem Hintergrund situativer Faktoren erfasst (vgl. Ruekert/Walker (1987), S. 2 ff.). Der Bezugsrahmen wird mit *allgemeinem* Anspruch entwickelt, der nach Ruekert/Walker (1987), S. 1, von Ansätzen, die *spezielle* Funktionen (z.B. F&E, Produktion) behandeln, nicht ohne weiteres befriedigt werden kann. Die Aussagen über die relevanten Beziehungen werden anhand von empirischen Daten (Befragung von 151 Managern aus drei Sparten eines großen US-amerikanischen Unternehmens) überprüft.

Ruekert et al. finden in ihrer Studie, dass die wahrgenommene Effektivität einer Beziehung – verstanden als „the perception of personnel who interact with people in another functional area that their relationship is worthwile, equitable, productive, and satisfying" (Ruekert/Walker (1987), S. 7) – negativ mit dem Ausmaß der Konflikte zwischen den Einheiten verbunden ist (vgl. Ruekert/Walker (1987), S. 7 f. und S. 14 f.). Eine zentrale *interne* Einflussgröße des Abstimmungsbedarfs ist das *strategische Verhalten* des Unternehmens, das die Intensitäts- und Qualitätsanforderungen der Zusammenarbeit zwischen Teileinheiten bestimmt. So ist bei einer Wettbewerbsstrategie der Differenzierung, die individuelle Kundenwünsche adressiert, eine engere Abstimmung zwischen (einer größeren Zahl von) Teileinheiten notwendig als bei einer Strategie der Kostenführerschaft. Unternehmen, die massive Innovationsaktivitäten betreiben, müssen Marketing, F&E sowie Produktion regelmäßig intensiver abstimmen als Unternehmen mit einem in dieser Hinsicht passiveren Verhalten (vgl. Ruekert/Walker (1987), S. 3.). *Ruyter er al.* führen die zunehmende Nutzung interdisziplinärer Teams und flexibler Organisationslösungen zur Verringerung der „time to market" als Gründe für einen steigenden Stellenwert der Schnittstellen des Marketing an (vgl. Ruyter/Wetzels (2000), S. 258).

Die Abstimmungserfordernisse werden zudem durch *Eigenschaften der Umwelt* bestimmt, da z.B. dynamische Produkt-Markt-Beziehungen eine höhere Flexibilität von den Unternehmen verlangen, so dass die Mitarbeiter in den verschiedenen Abteilungen intensiver interagieren müssen (vgl. Ruekert/Walker (1987), S. 3 f.). Die Ausrichtung der internen Potenziale des Unternehmens auf die Nutzung der externen Gelegenheiten fordert in anspruchsvollen Umweltkonstellationen unablässige Anstrengungen: „As markets become more competitive, marketing managers need to monitor more closely other functional areas´ capabilities, resources, and actions so as to identify and capitalize on the firm´s various real or potential strengths in matching these capabilities to attractive market opportunities" (Lim/Reid (1992), S. 165; vgl. auch Rho/Hahm/Yu (1994), S. 27 f.).

Die *instrumentellen Ansatzpunkte* des Schnittstellenmanagements sind vielfältig und reichen von der Veränderung der Bedingungen, die zur Entstehung einer Schnittstelle führen (vor allem aufbauorganisatorische Rahmenstrukturen), über ihre angemessene Gestaltung bis hin zur Reduzierung der aus der Existenz von Schnittstellen resultierenden Probleme (vgl. Brockhoff/Hauschildt (1993), S. 396.). Als Instrumente des internen Schnittstellenmanagements werden im Weiteren Maßnahmen behandelt, die die Ursachen von Schnittstellen *unangetastet* lassen; es wird davon abgesehen, durch hierarchische (vertikale) Koordinationsformen eine Lösung der Probleme anzustreben: „Schnittstellen-Management soll autonome betriebliche Teilbereiche, die in ihrer Interaktion zwingend aufeinander angewiesen sind, ohne die Schaffung eines gemeinsamen Vorgesetzten koordinieren" (Brockhoff/Hauschildt (1993), S. 400; im Orig. hervorgehoben; vgl. auch Souder/Chakrabarti (1978), S. 88).

Eine recht breit angelegte Systematik möglicher Instrumente zeigt die nachfolgende Abbildung. In dieser Systematik – vgl. zu anderen, z.T. ähnlichen Konzepten Brockhoff (1994), S. 33 ff.; Olson/Walker/Ruekert (1995), S. 49 ff.; Frese/Graumann/Theuvsen (2012), S. 248 f.; Homburg/Krohmer (2006), S. 1176 f. – sind auch organisatorische Maßnahmen bzw. Koordinationsinstrumente enthalten, die im Rahmen des vorliegenden Werkes bereits (vgl. Kap. 3.4 und 4) behandelt wurden. Die fraglichen Maßnahmen werden demnach teilweise aus der Interessenlage eines Schnittstellenmanagements heraus eingesetzt, wenn die grundlegende Koordination des Unternehmens (insbesondere auch im Hinblick auf kritische Schnittstellen wie z.B. zwischen Marketing und F&E) noch nicht als ausreichend bewertet wird (vgl. Abb. 31).

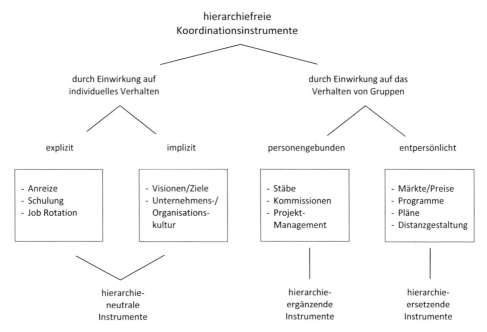

Abbildung 31: Instrumente nicht-hierarchischer Koordination
Quelle: Brockhoff/Hauschildt (1993), S. 400.

In Bezug auf ihr Verhältnis zur Hierarchie des Unternehmens wird zwischen *hierarchieneutralen, -ergänzenden sowie -ersetzenden Instrumenten einer nicht-hierarchischen Koordination* unterschieden (vgl. Brockhoff/Hauschildt (1993), S. 400 ff.). *Hierarchieneutrale Instrumente* können unabhängig von der Gestalt der Hierarchie eingesetzt werden, sie betreffen alle Formen des Einwirkens auf individuelles Verhalten. Während sich explizite Varianten gezielt an bestimmte oder wenige Individuen im Unternehmen wenden (z.B. Schulungen zum Abbau von Wahrnehmungskonflikten zwischen Teilbereichen), adressieren implizite Einwirkungen prinzipiell alle Individuen im Unternehmen (etwa über eine spezifische Unternehmenskultur, die eine Verständigung der Mitglieder aus verschiedenen Bereichen erleichtert).

Unter organisatorischem Blickwinkel sind hierarchie-ergänzende und hierarchie-ersetzende Instrumente des Schnittstellenmanagements von Bedeutung, die jeweils auf das Verhalten von *Gruppen* einwirken. *Hierarchie-ergänzende (personengebundene) Ansätze* werden innerhalb der bestehenden Hierarchie eingeführt, den Stelleninhabern werden weitere Funktionen übertragen oder gemeinsame Funktionen in anderer Gliederung zusammengefasst. *Hierarchie-ersetzende (entpersönlichte) Instrumente* lassen Teile einer Hierarchie entbehrlich werden. Als *hierarchie-ergänzende Instrumente* werden

Stäbe (insbesondere in ihrer Rolle als Integratoren, die z.B. für einen ständigen Informationsaustausch der betroffenen Teilbereiche sorgen), *Kommissionen* (als dauerhaft angelegte Abstimmungsorgane, bei der die Beteiligten lediglich teilzeitlich mitarbeiten – hierbei wird auch von Gremien, Ausschüssen, Task forces etc. gesprochen.) sowie das *Projektmanagement* (Behandlung eines befristeten Problems, das nicht von den Zuständigkeiten in der Hierarchie erfasst wird) unterschieden. Unter den *hierarchie-ersetzenden Instrumenten* sind *Programme* und *Pläne* als Mittel anzuführen, die bereits in Kap. 3.4 unter allgemeinerem Koordinationsblickwinkel mit ihren Abstimmungswirkungen behandelt wurden. Zudem können die *Einführung (realer oder fiktiver) interner Märkte und Preise* (Abwicklung von Leistungstransfers zwischen Teilbereichen auf Basis von Preisen, so dass Markttransaktionen begründet werden) sowie die *Distanzgestaltung* (als Ansatz zur gezielten Schaffung räumlicher Nähe (Entfernung) zwischen Stellen und Abteilungen) unter diesem Aspekt als Instrumente des Schnittstellenmanagements erfasst werden.

Zudem ist auf die in jüngerer Zeit betonte *Prozessorientierung* einzugehen, die als hierarchie-ergänzendes Instrument zur Schaffung stärkerer Verbindungen zwischen Organisationseinheiten funktionaler oder objektorientierter Art einzuordnen ist (siehe bereits Kap. 4). *Narver et al.* erörtern unter dem Gesichtspunkt des Gebotes zur Schaffung der Voraussetzungen für ein übergreifend-marktorientiertes Handeln „the challenge to create an organization in which cross-functional customer-value-creation processes and activities are the norm and not the exception" (Narver/Slater/Tietje (1998), S. 243; vgl. auch Johnson (1998), S. 6 f.). Maßnahmen des *Prozessmanagements* (z.B. Festlegung gemeinsam zu erreichender Ziele für sachliche und zeitbezogene Prozessergebnisse) und der *Prozessorganisation* (Regelungen, die integrativ Zuständigkeiten für Prozesse regeln) können dazu beitragen, eine stärkere Vernetzung zwischen Organisationseinheiten des Unternehmens zu schaffen.

Insgesamt verwendet das interne Schnittstellenmanagement im Kern keine grundlegend „neuen" organisatorischen Instrumente, sondern setzt bekannte Maßnahmen zur Bewältigung übergreifender Abstimmungs- bzw. Integrationsprobleme ein. Jedoch besteht bezüglich des Einsatzes dieser Instrumente noch Forschungsbedarf (vgl. Faix (2015); Kahn/Mentzer (1998), S. 53; Brockhoff (1994)). Im weiteren Verlauf dieses Abschnitts werden mit

- Integrationseinheiten bzw. Stäben
- Kommissionen (Gremien)
- Projektmanagement (mit z.B. zeitlich befristeten Arbeitsgruppen) und
- Prozessualen Maßnahmen

organisatorische Handlungsmöglichkeiten erörtert, die für das interne Schnittstellenmanagement insbesondere unter *praktischem* Blickwinkel zentrale Bedeutung haben und der Sekundärorganisation zugeordnet werden. Vielfach sind erst mehrere Instrumente *zusammen* in der Lage, die gewünschte Abstimmung zwischen den betroffenen Teileinheiten herbeizuführen (vgl. Rho/Hahm/Yu (1994), S. 28 sowie Reiß (1992)).

5.1.2 Instrumenteeinsatz

Als Maßnahme zur Schnittstellengestaltung wird die Einführung von *Verbindungs- bzw. Integrationseinheiten* angeregt. „Vom Prinzip der Abstimmung über eine Integrationseinheit wird dann gesprochen, wenn auf der Ebene der interdependenten Einheiten eine zusätzliche organisatorische Einheit eingerichtet wird, die mit (wenigstens) einem zusätzlichen auf die Abstimmung der – auf der jeweils betrachteten Ebene bestehenden – Entscheidungsinterdependenzen spezialisierten Aufgabenträger besetzt ist" (Laßmann (1992), S. 288). Diese Integrationseinheiten – die oftmals als *Stabsstellen* verankert sind – bearbeiten in erster Linie neu auftretende Probleme im Rahmen der Interaktionen zwischen den Betroffenen: „The integrator's role involves handling the nonroutine, unprogrammed problems that arise among the traditional functions as each strives to do its own job" (Lawrence/Lorsch (1967b), S. 142). Ihr Stellenwert wird vor allem von Lawrence/Lorsch (1967a), S. 54 ff.; Lawrence/Lorsch (1967b), S. 142 ff. betont. Die Aufgaben und Kompetenzen von Integrationseinheiten variieren und reichen von der Funktion eines Informationsübermittlers („Informationsdrehscheibe") über eine Unterstützungsrolle, die auf Beratung und Entscheidungsvorbereitung der abzustimmenden Einheiten gerichtet ist, bis hin zur Stellung eines Trägers von (Mit-) Entscheidungsrechten, die – prinzipiell wie im Falle einer Matrix – eine gemeinsame Entscheidung von betroffenen Einheiten und Integrator bedeutet (vgl. Laßmann (1992), S. 290; Olson/Walker/Ruekert (1995), S. 49). Mitunter werden auch sog. „Liaisons" als Träger von Abstimmungsaufgaben identifiziert, die als Angehörige einer abzustimmenden Einheit und im Regelfall ohne formale Kompetenz und gestützt auf ihre Überzeugungskraft agieren. *Olson et al.* führen aus, dass hierbei „individuals within one or more functional departments are assigned to communicate directly with their counterparts in other departments, thus supplementing some of the vertical communication flow found in bureaucracies" (Olson/Walker/Ruekert (1995), S. 49).

Konzeptionell ähnlich ist der Einsatz bestimmter Arten von *Promotoren* (insbesondere Prozess- und Beziehungspromotoren) zur Zusammenführung verschiedener Einheiten des Unternehmens zu sehen. *Prozess- und Beziehungspromotoren* sind Erweiterungen des von Witte (1973) entwickelten Promotorenmodells, das bei der Förderung von Innovationen mit dem *Fachpromotor* (der einen Innovationsprozess mit objektspezifischem Fachwissen versorgt und Wissensbarrieren der Betroffenen überwinden hilft) und dem *Machtpromotor* (der mit seiner Macht auf den Abbau von psychischen Widerständen zielt) zwei wesentliche Erfolgsvoraussetzungen hierfür thematisiert. Vor allem bei sehr komplexen Problemen und vielschichtig angelegten Unternehmen bieten sich *Prozesspromotoren* (Hauschildt/Kirchmann (1997), S. 68 ff.) an, die z.B. die von einer Innovation betroffenen Personen identifizieren sowie zwischen ihnen Verbindungen herstellen, Kommunikationshindernisse überwinden und Teilentscheidungen unterstützen (vgl. das Beispiel über die Rolle der „Innovationsmanager" in der *Bayer AG* bei Benting/Kern/Bieringer et al. (2008), S. 295 ff.). Neben der Förderung von Innovationsprozessen – die primär die Abstimmung zwischen Marketing und F&E betrifft – können Prozesspromotoren im Hinblick auf weitere Fachbereiche des Unternehmens eingesetzt werden, z.B. zur Bewältigung von Koordinationsproblemen zwischen Marketing und Produktion bei der Planung des Produktprogramms des Unternehmens. Das auf die Zusammenarbeit *mehrerer Unternehmen*, die zur Erstellung einer Innovation kooperieren, gerichtete Konzept des *Beziehungspromotors* kann ebenso die Kooperation der Einheiten *innerhalb* eines Unternehmens stärken (vgl. Rost/Hölzle/Gemünden (2007), S. 341 ff.).

Die weitere Diskussion konzentriert sich auf ausgewählte *kunden- und produktbezogene Organisationsformen als Integratoren* (Key-Account-, Kunden-, Produkt-Manager), für die im Weiteren angenommen wird, dass sie ohne formale Entscheidungsbefugnisse agieren (vgl. auch bereits Kap. 3.2).

Die Diskussion der Rolle des *Produkt-Managers* als Verbindungseinheit knüpft an den Umstand an, dass diese Organisationseinheit in der Regel durch vielfältige, komplexe Arbeitsbeziehungen zu unternehmensinternen (z.B. Vertrieb, F&E) wie –externen Einheiten (z.B. Werbeagenturen, Zulieferer) gekennzeichnet ist; diese Arbeitsbeziehungen (siehe Abb. 32) begründen regelmäßig hohe Anforderungen an die Stelleninhaber (vgl. Kotler/Keller/Bliemel (2007), S. 1148 ff.; Murphy/Gorchels (1996), S. 52).

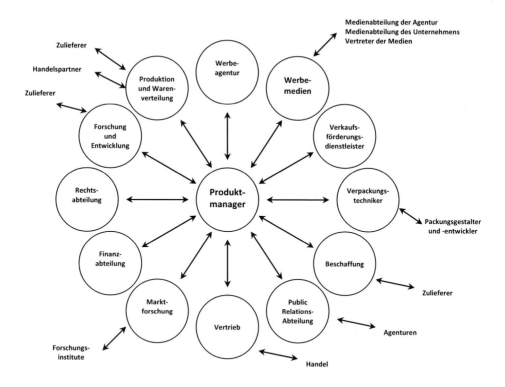

Abbildung 32: Arbeitsbeziehungen des Produkt-Managers
Quelle: Mit geringfügigen Änderungen übernommen von Kotler/Keller/Bliemel (2007), S. 1149.

Eine weit gefasste Sicht der *Querschnittskoordination* führt zum Produkt-Management als integrierendem Instrument des Schnittstellenmanagements, das im Unternehmen und in Bezug auf die externen Partner zwischen Zielen und Perspektiven verschiedener Einheiten vermitteln und eine Verbreitung marktorientierten Denkens und Handelns leisten soll (vgl. Murphy/Gorchels (1996), S. 49). Dies kann mit der Übernahme der Rollen als Prozess- oder Beziehungspromotor einhergehen. Es ist kein erheblicher Einwand gegen einen Einsatz des Produkt-Managements, dass dieses organisatorische Konzept in Unternehmen oft mit nur geringen Entscheidungskompetenzen verankert wird, denn als Charakteristikum effektiv arbeitender Integratoren wird u.a. ein hohes Maß an Fachkompetenz und Wissen – und nicht an formaler Autorität – identifiziert. Insgesamt kann vom Produkt-Management in diesem Zusammenhang auch als Ansatz des *Boundary spanning* gesprochen werden: „'Boundary spanners' are persons who have informal communication links with other individuals both inside and outside the firm"

(Katsanis/Laurin/Pitta (1996), S. 5). Empirische Untersuchungen zu den Arbeitsschwerpunkten dieser Einheiten zeigen, dass das Produkt-Management gerade mit Funktionen, die für den *Produkterfolg kritisch* scheinen, eng interagiert (insbesondere Vertrieb).

Weiter treten auch *Key-Account-Manager* und *Kundengruppen-Manager* zum Zweck der Abstimmung mit diversen betrieblichen Abteilungen in Interaktion. Beim Key-Account-Manager stehen Marketing, F&E, Produktionsplanung und Auftragsbearbeitung, Distributionsstellen, Kundendienst und alle weiteren Organisationseinheiten im Mittelpunkt, die Auftragsdurchläufe (und weitere kundenrelevante Prozesse) verbessern und dazu beitragen, dass die spezifischen Anforderungen großer, wichtiger Kunden erfüllt werden. Beim Kundengruppen-Management geht es um die Belange größerer Kundensegmente (z.B. mittelständische Unternehmen als ein Beispiel für gewerbliche Kunden), für die passende Produktlösungen und Ansprachformen zu finden sind.

Jensen ermittelt, dass das Key-Account-Management in erheblichem Maße mit der *internen Koordination* befasst ist; da aber die Beiträge anderer Einheiten des Unternehmens (Vertrieb, Produkt-Management, Marktforschung, F&E, Produktion etc.) eher leicht gewonnen werden können, ist „(d)ie starke interne Orientierung der Key-Account-Koordinatoren ... nicht als Ringen um Unterstützung zu interpretieren, sondern vielmehr als Bemühen, die Aktivitäten der zahlreichen Beteiligten aufeinander abzustimmen" (Jensen (2001), S. 140.). Ähnlich findet Götz (1995), S. 371, für den Zulieferbereich, dass „im KAM (Key-Account-Management, A. F.) eine intensive Kommunikation insbesondere zu den betrieblichen Sachfunktionen Verkauf, F&E, Marketing und Konstruktion vorherrscht." Diese Abteilungen haben häufig auch selbst externe Kontakte (wenn z.B. F&E-Mitarbeiter des eigenen Unternehmens mit F&E-Angehörigen eines Kundenunternehmens zusammenarbeiten; vgl. Jensen (2001), S. 29).

Andere Arbeiten deuten stärker auf eine schwierige Zusammenarbeit hin: Rieker (1995) zeigt für den Industriegüterbereich, dass eine mangelhafte interne Koordination der kundenrelevanten Tätigkeiten das Hauptproblem bei der Betreuung von Key-Accounts aus Sicht des Vertriebs darstellt (34,9% der Nennungen; Mehrfachnennungen möglich). Sind Leistungen von anderen Abteilungen zur Erfüllung der Kundenanforderungen zu erbringen, „ist es oft schwierig, wenn nicht gar unmöglich, eine Abstimmung herbeizuführen, die sich am bedeutenden Kunden ausrichtet. Viele der betroffenen Stellen sind nicht bereit, den Kunden und dessen Anforderungen als für sie relevant zu betrachten. Die Notwendigkeit der Koordination wird auch zu wenig ´von oben her´ unterstützt bzw. das Blockieren von Koordinationsvorgängen zu wenig sanktioniert" (Rieker (1995), S. 108). In enger Verbindung hierzu stehen auch die weiteren Probleme, die fehlende Kundenorientierung in anderen Bereichen der Wertkette (28,4%) sowie ungenügende

Kommunikations- bzw. Informationsbeziehungen im Unternehmen (28,4%; vgl. Rieker (1995), S. 109 ff.). Es wird diskutiert, wie Key-Account-Manager ohne Weisungsbefugnisse gegenüber anderen Stellen des Unternehmens auf diese im Sinne einer gemeinsamen Bearbeitung von Kundenproblemen einwirken können. Hierfür lässt sich an der intrinsischen Motivation (z.B. durch kooperative Zielplanung, Mitarbeit bei der Definition des Kunden, Einbeziehung der Personen in ein Selling-Center) und der extrinsischen Motivation der Beteiligten (z.B. Gewährung von Prämien bei Erreichung einer bestimmten Kundenzufriedenheit im Servicebereich oder Einhaltung bestimmter Termine/Spezifikationen im Produktionsbereich) ansetzen (vgl. Rieker (1995), S. 177 f.).

Die *Koordinationsleistung* von Integratoren kann auch bei einer lediglich als „Informationsdrehscheibe" angelegten Organisationseinheit hoch sein. Fehlen formale Kompetenzen, hängt die Koordinationswirkung neben dem inhaltlichen Zuschnitt der Stelle stark von den persönlichen Eigenschaften und dem Rollenverständnis der Stelleninhaber ab. Probleme im Bereich der Motivation und der Zufriedenheit der Mitarbeiter (z.B. durch Überlastungen, Konflikte mit anderen Abteilungen) können sich negativ auswirken. Der *Produkt-Manager* ist als Integrator geeignet, wenn produktbezogene Besonderheiten eine integrative Beachtung der funktionalen Teilschritte der Produktherstellung und -distribution verlangen, um Produkte erfolgreich zu vermarkten, aber die weit reichenden Konsequenzen einer vollständigen Spezialisierung des Unternehmens nach Produktsparten vermieden werden sollen. Das *Kunden-Management* findet günstige Anwendungsbedingungen, wenn Kundenprozesse kritische Aufmerksamkeit erfordern, die Unternehmensleitung aber den vollständigen Umbau der Aufbauorganisation des Unternehmens in Richtung Kundensparten scheut.

Die erreichte *Marktorientierung* ist neben den jeweiligen Aufgabenzuständigkeiten auch von den konkret abzustimmenden Funktionen abhängig. So ist eine reibungslose Verbindung zwischen F&E und Marketing – gerade in Unternehmen, die in Branchen mit hoher Innovationsintensität arbeiten – eine zentrale Voraussetzung für marktorientiertes Unternehmensverhalten auf Basis überlegener Produkt- und Prozesstechnologien (vgl. Faix (2015)). Prinzipiell führt die Einrichtung einer Verbindungseinheit dazu, dass marktbezogene Informationen – z.B. über neue Kundenbedürfnisse, Wettbewerbsstrategien von Konkurrenten – in den Unternehmensbereichen, die abzustimmen sind, im Vergleich zur ausschließlich hierarchischen Koordination mit größerer Geschwindigkeit und treffsicherer verbreitet werden (vgl. Faix (2007b)).

Die *Koordinationskosten* von Integrationseinheiten, die als zusätzliche Stellen in die Organisation eingefügt werden, sind im Regelfall moderat, die Wirtschaftlichkeit der Ressourcennutzung kann durch sie relativ stark gefördert werden. Die *Motivation* der

Stelleninhaber leidet, wenn diese mit hoher Verantwortung für den Unternehmenserfolg, aber ohne nachdrückliche Kompetenzen agieren; auch eine hohe Konfliktintensität kann belasten.

Im Hinblick auf *situative Faktoren* folgern *Lawrence/Lorsch* aus ihren empirischen Daten, „that the more intense the problem of interdepartmental collaboration is, the more need there is for the integrative roles to be formally identified so that such activities are seen as legitimate" (Lawrence/Lorsch (1967b), S. 144). Die angesprochene Konstellation ist z.B. bei hoher Markt- und Technologiedynamik und Betonung des Leistungswettbewerbs gegeben.

Häufig wird die hohe Eignung von *gruppen-* bzw. *teamorientierten Abstimmungsformen* betont, um Einheiten des Unternehmens im Rahmen einer Querschnittskoordination wirksam zu integrieren. Teamorientierte Strukturen greifen auf das Prinzip der *Selbstabstimmung* (vgl. Kap. 3.4) zurück. Mit dem Begriff „Kommission" (Gremium, Ausschuss etc.) werden *dauerhaft* eingerichtete teamorientierte Abstimmungsformen bezeichnet, bei denen Teilnehmer *teilzeitlich* mitwirken. Sie spielen als *funktionsübergreifend* zusammengesetzte Einheiten – Teams mit Mitarbeitern verschiedener Funktionen wie z.B. F&E, Beschaffung, Produktion – bei unterschiedlichen Aufgaben des Unternehmens (z.B. Gestaltung von Innovationen, Planung einer Reorganisation) eine wichtige Rolle.

Eine Beurteilung teamorientierter Strukturen muss angesichts ihrer vielfältig möglichen *Ausgestaltungsformen* differenziert erfolgen. Sie lassen sich z.B. im Hinblick auf die übertragenen Aufgaben, die Kompetenzen und funktionalen Herkünfte der Beteiligten, die Größe oder die Art der Zusammenarbeit flexibel an die Rahmenbedingungen und Ziele des Unternehmens anpassen. Im Hinblick auf die Aufgaben können grundsätzlich Beratungsgremien (Austausch von Informationen, Diskussion der Eignung von Alternativen etc.), Entscheidungs- sowie Steuerungsgremien (Umsetzung getroffener Entscheidungen) unterschieden werden. Ein „typisches" funktionsübergreifendes Team umfasst etwa acht bis zehn Mitglieder, die verschiedene Funktionen repräsentieren und auch Prozesspromotoren einschließen. Die Zusammenstellung der Mitglieder kann sich z.B. am Resource Dependence-Ansatz orientieren (vgl. Ruekert/Walker (1987), S. 3 ff.). Bei komplexeren Aufgaben – z.B. Entwicklung eines neuen Automobils – können dreißig bis vierzig verschiedene Teams vorkommen, deren Verhältnisse zueinander zu regeln sind (Abgrenzung von Aufgaben, Festlegung von Informationsflüssen etc.). Prinzipiell ist über die Führung eines Teams, die Kompetenzen und Verantwortungsbereiche der Mitglieder und die Arbeitsabläufe zu befinden, wobei die internen Regelungen z.B. prozessorganisatorisch geprägt sein können (vgl. Henke/Krachenberg/Lyons

(1993), S. 219 ff.). Auch ist über das Verhältnis eines (oder mehrerer) Teams zu den (zum Beispiel) funktionalen Basiseinheiten des Unternehmens zu entscheiden. Die Gestaltungsüberlegungen für permanente Teams lassen sich im Grundsatz auf auch *projektbezogene* Teams übertragen.

In vielen Unternehmen agieren funktionsübergreifende *Kundenteams*, deren Kernaufgabe in der Sicherstellung einer Leistungsangebotes besteht, das die Anforderungen bestimmter Kunden oder Kundengruppen erfüllt. Häufig dominiert hierbei eine operative Ausrichtung (vgl. Homburg/Krohmer (2006), S. 1165 ff.).

Strategisch bedeutsam ist z.B. das bei der *Volkswagen AG* eingerichtete *Produkt-Strategie-Komitee* („PSK"), das die Abstimmung zwischen Marketing, Produktion, Finanzen, Organisation sowie F&E bezüglich des Produktprogramms und der konkreten Produktgestaltung (mit einer zeitlichen Perspektive von bis zu zehn Jahren) bezweckt; die ca. 15 Stammmitglieder dieses Gremiums kommen etwa zehn Mal im Jahr zusammen. Aufbauend auf den Rahmenvorgaben des Komitees werden in unterschiedlichen Detaillierungsgraden für zehn, fünf und zwei Jahre Absatzpläne erstellt, die die Tätigkeiten der Funktionen weiter koordinieren (vgl. Krull/Mattfeld (2012).)

Die Nutzung teamorientierter Ansätze der Schnittstellenabstimmung weist Ähnlichkeiten mit der sog. *Cluster-Organisation* auf (vgl. Friesen/Mills (1993), S. 34 ff.). Diese basiert auf multifunktionellen, kundenorientiert ausgerichteten und kooperierenden „Arbeitseinheiten" im Unternehmen – den Clustern. Ihre Einführung wirkt auf eine Reihe organisatorischer Merkmale des Unternehmens: „Cluster reduzieren die funktionale Spezialisierung durch die Verbindung von Disziplinen, die für die Erreichung von Zielsetzungen relevant sind; einmal zusammengestellt, arbeitet ein Cluster mit beträchtlicher Autonomie – seine Mitglieder sind für ihre Arbeit keinem Bereich (Marketing, Finanzwesen, Personalwesen) verantwortlich. Cluster reduzieren Arbeitsspezialisierung durch die Verbindung vieler eng definierter Aufgaben von Vorgesetzten und Mitarbeitern aus der traditionellen Hierarchie zu weit definierten Jobs" (Friesen/Mills (1993), S. 34). Eine generalisierte Ausrichtung der Mitarbeiter begünstigt die Verringerung von Hierarchieebenen im Unternehmen. Dabei „erfolgt die Entscheidungsfindung so dicht wie möglich am ´point of action´. Entscheidungen bewegen sich nur dann nach oben, wenn nicht genug Wissen oder Erfahrung vorhanden ist, sie an dem Punkt zu fällen, an dem Maßnahmen durchgeführt werden können" (Friesen/Mills (1993), S. 34). Eine wichtige Voraussetzung für die Nutzung von Clusters sind leistungsfähige Informations- und Kommunikationssysteme, die die Arbeit innerhalb eines und zwischen Clustern unterstützen. Die Rolle der Unternehmensführung ist vor allem auf den Entwurf und die Kommunikation strategischer Leitlinien gerichtet und zurückhaltend in der direkten Beeinflussung der Arbeit der Cluster (vgl. Martinsons/Martinsons (1994), S. 27). *Martinsons et al.* erörtern ähnlich das Clustering, das aus der Matrix-Idee entwickelt, mehr Kreativität, Innovation und Produktivität erzeugen soll: „A cluster is a group of 30 to 50 people of different specialities who work together on a semipermanent basis. Within each cluster are smaller work teams of five to seven people. Upper levels of management are lean and there is little hierarchical control" (Martinsons/Martinsons (1994), S. 27).

Eine weiter führende organisatorische Entwicklung ist die *modulare Organisation*, die eine *räumlich* und *zeitlich entkoppelte Durchführung* arbeitsteiliger Prozesse innerhalb eines Unternehmens bedeutet. So erlauben es die verbesserten Möglichkeiten moderner Informations- und Kommunikationstechniken (Inter- und Intranet, Datenbanken u.ä.) zunehmend, relativ selbständige und prozessorientiert agierende Arbeitseinheiten zu etablieren, die untereinander eher lockere Koordinationsbeziehungen aufweisen und hierarchische Organisationsmodelle ablösen. Allerdings müssen hierbei als wesentliche Voraussetzung alle für die Arbeitsschritte inhaltlich notwendigen Informationen (Daten über den erreichten Stand der zu bearbeitenden Projekte etc.) unabhängig voneinander abgerufen und verarbeitet werden können. Die räumliche Trennung der beteiligten Mitarbeiter kann durch Kommunikationsmittel wie E-Mail, Videokonferenzen etc. überwunden werden. Gerade für eine räumlich stark dezentral agierende Organisation (mit internationalem Aktionsradius) ist eine modulare Organisation eine interessante Alternative. Ähnlich wird in diesem Kontext auch von einer „vernetzten Organisation" gesprochen, in der verschiedenen Mitarbeiter und/oder Teams unter Nutzung moderner Informations- und Kommunikationstechniken zusammenarbeiten.

Die Einrichtung von Gruppen- bzw. Teamstrukturen, die Mitglieder aller Funktionen einbeziehen, die für eine Abstimmungsfrage bedeutsam sind, bietet sich an, um auf Basis persönlicher Interaktionen der Teilnehmer die erforderliche *Koordination* (*Selbstabstimmung*) zu leisten und weitere günstige Effekte zu erzielen. Positive Abstimmungswirkungen können aus dem Erwerb einer funktionsübergreifenden Denkweise der Mitarbeiter, einer vereinfachten horizontalen und vertikalen Kommunikation (aufgrund kürzerer bzw. direkter Kommunikationswege und einer exakteren Informationsvermittlung) sowie durch die Überwindung hierarchischer Barrieren resultieren. Sind die bedeutsamen Funktionen ausgewogen repräsentiert, kann die Entscheidungsqualität gefördert werden. Bei entsprechender Ausrichtung des Teams ist zudem ein breiteres *marktorientiertes Verständnis* im Unternehmen zu erwarten. Im Rahmen von *Cross functional visits* institutionalisierte Kontakte der Beteiligten mit Kunden können den nicht direkt mit Kundenbelangen konfrontierten Einheiten wichtige Impulse geben und marktorientierte Veränderungen anstoßen. *Day* fordert: „(A)ll members of the management team – R&D, manufacturing, and field service – should have first-hand contact with customers" (Day (1999), S. 16). Insbesondere durch *Key-Account-Management-Teams* entsteht „ein integratives Moment; Kommunikation über die Funktionsbereiche hinweg gewährleistet die Umsetzung von Kundennähe in den im Team verankerten Funktionsbereichen" (Götz (1995), S. 341).

Verschiedene Arbeiten ermitteln positive Effekte für Unternehmen, die eine *funktionsübergreifende Zusammenarbeit*, etwa unter Rückgriff auf Teams realisieren. In einer empirischen Studie in der Elektronik-Branche (Befragung von 514 Managern aus Marketing, Produktion und F&E) unterscheiden *Kahn et al.* im Rahmen der Integration eine „Interaction Perspective" und eine „Collaboration Perspective" (vgl. Kahn/Mentzer (1998), S. 53 ff.; Kahn (1996), S. 138 ff.). „Interaction" betont Informations- und Kommunikationsaktivitäten wie regelmäßigen schriftlichen Informationsaustausch, Telefonkonferenzen oder persönliche Treffen und damit den „information exchange process between departments" (Kahn/Mentzer (1998), S. 54.). „Collaboration" fokussiert Teamwork, die Entwicklung gemeinsamer Werte und Ziele sowie wechselseitigen Respekt und Verständnis. Hierbei geht es um Maßnahmen „that are more affective and relational-based, thereby building espirit de corp within the organization as well as encouraging relationships between departments. Through such relationships, an appreciation and affinity for marketing contributions and a market orientation might be realized" (Kahn/Mentzer (1998), S. 53; im Orig. z.T. hervorgehoben). Regressionsanalysen erbringen, dass „Collaboration" signifikant positiv auf Größen wie Ergebnis der Abteilung, Resultate neuer Produkte und Zufriedenheit mit der übergreifenden Zusammenarbeit wirkt, während die Interaktion in keiner signifikant positiven Beziehung zu diesen Größen steht – und die Ergebnisse mitunter verschlechtert (vgl. Kahn/Mentzer (1998), S. 57). Die Verbreitung von Informationen und häufigere Kommunikation sind hiernach *für sich alleine* zur Förderung einer gemeinsamen Ausrichtung wirkungslos und ab einem gewissen Niveau schädlich, weil es zu einer Überlastung der betroffenen Einheiten und Abwehrmaßnahmen kommen kann. Die Schlüsselrolle für eine gedeihliche Zusammenarbeit obliegt der „Collaboration", wobei eine bestimmte Interaktionsintensität zur Kontaktanbahnung und Bildung eines grundlegenden Verständnisses geboten ist.

Jedoch kann die Abstimmung in Gremien aufgrund schwerfälliger Diskussionsprozesse erhebliche Zeit erfordern und Konflikte oder die Dominanz von Personen die Bedingungen für ausgewogene Entscheidungen verschlechtern. Die Höhe der *Koordinationskosten*, die aus der Nutzung von Gremien folgt, hängt auch von diesen Umständen der

Teamarbeit ab; generell ist aber ein Kostenanstieg gegenüber einer Lösung anzunehmen, die auf hierarchischer Koordination basiert. Ein bedeutsamer Einflussfaktor ist der *Gruppenzusammenhalt* („Team cohesiveness") als „degree to which the team sticks together. Cohesive teams overall have a greater sense of internal discipline and responsiveness than less, or low-cohesive teams" (Henke/Krachenberg/Lyons (1993), S. 225). Hohe Kohäsion kann für ein gedeihliches Miteinander und niedrige Abstimmungskosten sorgen, da sich so eine stärkere Verpflichtung gegenüber den Zielen des Teams und den anderen Mitgliedern ergeben kann (vgl. Henke/Krachenberg/Lyons (1993), S. 225). Die positiven Effekte werden verstärkt, wenn es gelingt, im Sinne der „Collaboration" gemeinsame Werte und ein wechselseitiges Verständnis der beteiligten Einheiten zu schaffen. Möglicherweise trägt die Einbeziehung verschiedener kritischer Funktionen dazu bei, dass die psychischen Unterschiede zwischen Beteiligten abgebaut werden. Derartige Effekte können durch die Unternehmensleitung gezielt verstärkt werden, die selbst durch ein funktionsfähiges Gremium von Abstimmungsaufgaben entlastet wird.

Treten die angeführten Probleme der Teamarbeit nicht (in größerem Umfang) auf, ist diese Form des Schnittstellenmanagements geeignet, um in einem schwierigen Umfeld mit *komplexen, dynamischen Bedingungen* oder *Abhängigkeiten von Marktpartnern* für eine Abstimmung zu sorgen, die sich durch qualifizierte Beiträge der Experten auszeichnet. Gerade gegenüber bedeutenden Kunden kann mit Teams, die alle relevanten Funktionen des Unternehmens berücksichtigen, ein wirksames Gegengewicht gebildet werden. Der Ressourcenbedarf dieser Organisationslösung ist insgesamt als moderat einzuordnen, insbesondere im Vergleich zu Lösungen, die die Aufbauorganisation nachhaltig ändern. Gerade für *kleinere Unternehmen*, die für das Schnittstellenmanagement keine eigene Stelle einrichten, kann ein Gremium günstig sein. Sofern nicht negative Gruppenprozesse oder eine Überlastung der Mitarbeiter (Doppelbeanspruchung) die Neigung zur Beteiligung an der gemeinsamen Arbeit senken, ist bei einer entsprechenden Grundhaltung in der Gruppe von einer günstigen Motivation zur Lösung der anstehenden Aufgabe auszugehen. Im Gegensatz zu Projektteams, die ihre Beteiligten vollzeitlich beanspruchen, besteht bei dieser Form der Gruppenarbeit auch kein Reintegrationsproblem, das die Arbeitsmotivation der Teilnehmer belastet. Generell kann die Motivation in einer Teamstruktur aber leiden, weil z.B. die Einzelbeiträge der Teilnehmer an Gesamtergebnissen nur schwierig identifiziert werden bzw. Trittbrettfahrerprobleme auftreten.

Die Definition von Projekten und ihre Durchführung im Rahmen eines *Projektmanagements*, das die Aktivitäten bezüglich Zeit, Kosten, Ressourcen und Leistung steuert, rekurriert auf eine zeitlich befristete, flexibel gestaltbare Abstimmungsform, welche die

Mitglieder für die Dauer des Projekts entweder vollzeitlich („Projektteam") oder teilzeitlich („Projektkollegium") einbezieht (vgl. bereits Kap. 3.1.2). Das Projektmanagement hat die einschlägigen Aktivitäten zu planen, die Realisation sicherzustellen, Kontrollen vorzunehmen und Organisations- und Führungsmaßnahmen im Projektzusammenhang zu gestalten. Die Aufgaben können sich z.B. auf eine Neuproduktentwicklung beziehen, die (hauptsächlich) in Zusammenarbeit zwischen F&E und Marketing erfolgt. Rho/Hahm/Yu (1994), S. 37, erörtern ein Beispiel für ein Projektmanagement, das die Lösung von Kapazitätsproblemen zwischen Absatz und Produktion unterstützen soll.

Während die vollzeitliche Lösung, die Mitarbeiter mit ihrer gesamten Arbeitskraft auf das anstehende Problem ansetzt, insbesondere für Aufgaben in Betracht kommt, die sich durch hohe Neuartigkeit bzw. Komplexität auszeichnen (z.B. Aufbau neuer Geschäftsfelder), sind Lösungen auf Basis von Teilzeit eher angemessen, wenn die Probleme operativen Charakter haben und weniger schwierig zu lösen sind. Zwar kann der temporäre Charakter der Projektarbeit es erschweren, ein einheitliches (marktorientiertes) Grundverständnis der Projektbeteiligten zu entwickeln; indes trägt hierbei die persönliche Form der Zusammenarbeit potenziell zur Konsensbildung zwischen den Funktionen bei. Sofern das Arbeitsklima akzeptabel ist (und nicht von problematischen Konflikten belastet wird), sollte das Zusammenwirken im Projekt reibungslose *Koordinationsaktivitäten* begünstigen. Wie bei dauerhaften Strukturen werden Informationsbedarfe mitunter erst durch das Zusammentreffen verschiedener Sichtweisen erkannt; ebenso kann eine breite, abgewogene Einbeziehung dieser Perspektiven in die Entscheidungsfindung die Entscheidungsqualität erhöhen. Es hängt von der Zusammensetzung der Projektbeteiligten ab, inwieweit hiermit auch eine Förderung der *Marktorientierung* gelingt.

Im Vergleich zu einem dauerhaft etablierten Team ist der *Ressourcenbedarf* – etwa bei komplizierten Projektstrukturen, häufigen Neuordnungen des Projektgefüges im Unternehmen und jeweils erforderlichen Einarbeitungen der Mitarbeiter – höher einzuschätzen. Eine problematische Arbeitssituation mit mühsamen Diskussionsprozessen und Konflikten kann auch im Projektmanagement die Abstimmungszeit verlängern und Koordinationskosten erhöhen.

Prinzipiell stellen Projekte angemessene Antworten des Unternehmens auf *schwierige Umweltsituationen* mit einer hohen Komplexität und Dynamik der relevanten Faktoren dar. Die Wirksamkeit der Projektarbeit hängt nicht zuletzt davon ab, ob es gelingt, negative Einflüsse auf die *Motivation* der Projektmitarbeiter (z.B. Probleme der Reintegration oder der Abkopplung von aktuellen fachspezifischen Entwicklungen bei vollzeitlicher, längerfristiger Beanspruchung) zu meistern. Speziell gegenüber dauerhaft eingerichteten Formen der Teamorganisation kann sich aber eine erhöhte Motivation ergeben, weil die Zusammenarbeit nicht turnusmäßig, sondern in Abhängigkeit von bestimmten Problemlagen erfolgt (wodurch z.B. „Leerlauf" vermieden wird) und Ermüdungserscheinungen und Kreativitätseinbußen der Teammitglieder begrenzt werden können.

Wie oben behandelt, können Maßnahmen der *Prozessorganisation* wirksame Mittel sein, um verschiedene Funktionen und Aktivitäten von Wertschöpfungsvorgängen geschlossen abzustimmen. Die *Volkswagen AG* begann bereits nach 1992, die Vorgänge der Produktentwicklung, Beschaffung, Produktionsoptimierung und Vermarktung als zusammenhängenden Prozess zu definieren, wobei problemabhängig Funktions- oder Objektspezialisten einbezogen werden. Ein zentrales, oft genutztes organisatorisches Instrument ist die Einsetzung von *Process owners*, die übergreifende Prozesse koordinieren. Die Aufgabe dieser Prozessverantwortlichen besteht in erster Linie darin, die an einem übergreifenden Geschäftsprozess beteiligten Einheiten auf die zu verfolgenden Prozessziele zu verpflichten und eine zu starke Verfolgung ihrer Bereichsziele zu verhindern (vgl. Kap. 4).

Die Konsequenzen prozessorganisatorischer Instrumente (wozu z.B. auch die Beseitigung von Schnittstellenproblemen oder die Verlagerung von Kompetenzen an ausführende Stellen gezählt werden) für die *Koordination* fallen je nach Art und Konkretisierung der Maßnahmen unterschiedlich aus. Tendenziell nimmt mit zunehmender Stärke der Positionen der Prozesszuständigen die Abstimmungsqualität zu, aber auch die Gefahr dysfunktionaler Effekte (Konflikte aufgrund von Kompetenzüberschneidungen u.ä.) steigt. Die Wirkungen auf die *Marktorientierung* des Unternehmens hängen neben der Anlage der prozessorganisatorischen Maßnahmen auch von den konkreten Prozessen (und Schnittstellen) ab, die betroffen sind (z.B. Auftragsabwicklung, Neuproduktentwicklung). Prozessorganisatorische Instrumente, die eine stärkere Integration einzelner Teilschritte von absatzrelevanten Prozessen bewirken sollen, intensivieren tendenziell den marktorientierten Informationsaustausch im Unternehmen, da hierfür eine verstärkte Kommunikation wesentlich ist. Entsprechende Bemühungen von Prozessverantwortlichen tragen dazu bei, dass im gesamten Unternehmen ein marktorientiertes Grundverständnis entsteht oder ausgebaut wird und die Voraussetzungen für marktgerichtete Entscheidungen günstiger werden.

Die Nutzung der Prozessorganisation kann jedoch die *Wirtschaftlichkeit des Ressourceneinsatzes* beeinträchtigen, wenn z.B. ein verrichtungsbezogenes Gliederungsprinzip eines Unternehmens eingeschränkt oder aufgehoben wird; sofern die fraglichen Prozesse ohne größere Probleme zu steuern sind, können die Koordinationskosten sinken.

Unter *situativen Aspekten* bietet die Prozessorganisation z.B. die Möglichkeit, gegenüber starken Marktpartnern bestimmte Prozesse (wie die Auftragsabwicklung) nachdrücklich auf die relevanten Anforderungen hin zu gestalten und so ein Gegengewicht zu schaffen. Häufig nutzen Unternehmen in komplexen, dynamischen Umweltkonstellationen Maßnahmen der Prozessorganisation, um die Anpassungsfähigkeit an Umweltentwicklungen zu erhöhen, ohne die grundlegende (Aufbau-) Organisation einschneidend zu ändern.

5.2 Ansatzpunkte des externen Schnittstellenmanagements

Die angemessene organisatorische Behandlung *externer* Schnittstellen ist von Bedeutung, um zu gewährleisten, dass unternehmensintern geplante Ziele und Strategien im Markt wirksam und die Chancen genutzt werden, die sich aus einem mit den Kooperationspartnern des Unternehmens abgestimmten Auftreten ergeben. Ihr Stellenwert steigt, da sich Unternehmen in jüngerer Zeit zunehmend gegen das vollständige Abwickeln von Aufgaben in Eigenregie und für die Einschaltung externer Partner entscheiden (*Outsourcing*). Wichtige Gründe hierfür sind die Spezialisierungs- oder branchenübergreifenden Know-how-Vorteile, die Externe häufig leichter als die „abgebenden" Unternehmen realisieren und die besser mögliche Konzentration auf Kernkompetenzen. Dabei können spezialisierte Marktpartner aufgrund der stärkeren Poolung von Ressourcen und umfassenderen Lerneffekten Kostenvorteile beim Unternehmen, das ein Outsourcing betreibt, realisieren helfen.

Wie die Entwicklung im *Supply Chain Management* verdeutlicht, gestalten Herstellerunternehmen mit ihren vertikal vor- und nachgelagerten Marktpartnern (Lieferanten, Groß- und Einzelhandelsunternehmen, Logistikdienstleister etc.) auf Basis einer tief greifenden organisatorischen und informatorischen Verzahnung im Rahmen von *Netzwerken* vielfach eng abgestimmte Güter- und Informationsströme, um den Endverwendern der Produkte kostenoptimal erstellte und distribuierte sowie kundennutzengerechte Leistungen anzubieten. Auch unter dem Einfluss des verstärkten Auftretens von – häufig wettbewerbsstrategisch motivierten – *Strategischen Allianzen* rückt die *externe Organisation* zunehmend ins Blickfeld der Unternehmensführung.

Die Ansatzpunkte zur Gestaltung der externen Schnittstellen hängen von der Art des Partners ab. So vollzieht sich z.B. die Abstimmung mit Dienstleistungsunternehmen (z.B. Werbe- bzw. Kommunikationsagenturen) vor allem über *Briefings*. Diese beinhalten die Vorgaben eines Unternehmens bezüglich eines bestimmten Projekts (z.B. Werbekampagne) an die beauftragten Partner; mit ihrer Richtlinienfunktion entsprechen sie im Grundsatz einem Plan. Vergleichbar hiermit sind *Ausschreibungen*, mit denen Unternehmen z.B. die sachlichen, zeitlichen und räumlichen Anforderungen spezifizieren, die bei der Auswahl eines Logistikunternehmens, das z.B. Transport-, Lager- und Informationsleistungen erbringen soll, zu beachten sind. Oftmals folgen auf die Ausschreibung und das geäußerte nähere Interesse möglicher Partner längere Verhandlungen bezüglich der in der Ausschreibung enthaltenen Parameter (insbesondere bei komplexen Leistungspaketen, die längerfristig an Partner übertragen werden sollen („Kontraktlogistik")).

Zwischen Hersteller- und Handelsunternehmen ist die Abstimmung angesichts der nicht selten konfliktären Beziehungen der Akteure im Absatzkanal häufig schwieriger. Die Voraussetzungen sind jedoch in den Bereichen günstig, in denen sich Hersteller und Handel im Rahmen eines *Vertikalen Marketing* kooperativ um eine gemeinsame Ausrichtung ihrer Absatzpolitik gegenüber dem Endverwender bemühen. Sofern in diesem Kontext *Vertragliche Vertriebssysteme* (etwa Franchise- und Vertragshändlersysteme) begründet werden, ist die Grundlage für eine Abstimmung der Partner prinzipiell verbessert. Der Ansatz des *Efficient Consumer Response* (ECR) lässt sich insbesondere vor diesem Hintergrund als strategisch bedeutsame Möglichkeit zur günstigen Abstimmung zwischen Hersteller und Handel anführen, die für alle Beteiligten zu Vorteilen im Bereich der Logistikkosten, Prozessgeschwindigkeiten und -qualitäten und Lieferbereitschaften führen kann. Oftmals wird ECR in Kombination mit einem *Category-Management* angewendet, bei dem Produkt- bzw. Warengruppen durch die Handelspartner bedarfsorientiert gebildet und gesteuert werden. Nimmt ein Hersteller im Hinblick auf eine Warengruppe die Rolle des sog. Category Captain (als diesbezüglich führender Hersteller mit einem hohen Einfluss auf die Sortimentsgestaltung und die Belieferungsplanung) ein, kommt ihm als koordinierender Akteur eine besondere Bedeutung für die fragliche Beziehung zu.

Weiter gefasst kann in diesem Kontext der Einsatz der *Netzwerkorganisation* bedeutsam sein, mit der die z.T. komplizierte Kooperation zwischen einem Unternehmen und Partnern etwa im Rahmen Strategischer Allianzen gestaltet werden kann. „Networks are the complex, multifaceted organization structures that result from multiple strategic alliances, usually combined with other forms of organization including divisions, subsidiaries, and value-added resellers" (Webster (1992), S. 8). Dabei können – wie in anderen Bereichen der externen Organisation – Konzepte des *Beziehungsmanagements* eine Rolle spielen.

Grundsätzlich lassen sich zwei Formen der Netzwerkwerkorganisation unterscheiden (vgl. z.B. Sydow (1992); Sydow (1995)). Bei einer *fokalen Netzwerkorganisation* fungiert ein Unternehmen als zentrale Entscheidungs- bzw. Koordinationsinstanz des Netzwerkes, insbesondere ist dieses für die Festlegung der Strategie und die Gestaltung der kooperationsrelevanten organisatorischen Regeln des Netzwerkes zuständig. Die Rolle als sog. fokales Unternehmen basiert in der Regel auf dem Umstand, das dieses die zentralen Leistungen oder Ressourcen für das Netzwerk zur Verfügung stellt. In einer *polyzentrischen Netzwerkorganisation* treffen die lose gekoppelten Partner – die durch eher vergleichbare Machtpositionen gekennzeichnet sind – dezentrale Entscheidungen über die relevanten Aktivitäten. Die Diskussion im Kontext der Netzwerkorganisation wird häufig in Bezug auf die Marktorientierung geführt.

Die Marktorientierung des *fokalen Netzwerkes* wird maßgeblich durch die Marktorientierung des führenden Unternehmens bestimmt. Ist diese hoch, ist anzunehmen, dass unter dessen Einfluss die Partner entsprechend agieren und im Netzwerk marktgerichtete Systeme und Prozesse etabliert werden. So können auf Basis systematisch gewonnener Marktinformationen Chancen erkannt und Ressourcen eingesetzt werden und es bestehen günstige Möglichkeiten, um durch komplementäre Fähigkeiten der Partner und ausgeprägte Kunden- und Wettbewerberorientierung Vorteile im Markt zu erringen. Die Marktstellung des Netzwerkes als Ganzes profitiert bei entsprechender Partnerstruktur davon, dass rasch eine große Produktvielfalt angeboten werden kann. Gegenüber Kunden kann das fokale Unternehmen – trotz größerer Zahl beteiligter Partner – ein einheitliches Auftreten gewährleisten, wenn bei diesem die Kundenkontakte konzentriert werden. Zudem steht mit dem fokalen Unternehmen eine Einheit zur Verfügung, die sich nach Beendigung eines Projekts gezielt um die Erfassung und Speicherung des erlangten Markt-Know-hows bemüht und systematisch Prozesse (inter-) organisatorischen Lernens initiiert, welche die Position des Netzwerkes als Ganzes weiter stärken.

Im Falle einer *polyzentrischen Netzwerkorganisation* sind unter passenden Bedingungen ebenso positive marktorientierte Effekte zu erwarten: Unter Nutzung komplementärer Fähigkeiten der Akteure werden qualitativ hochwertige, ausgewogen konzipierte Problemlösungen für Kunden erarbeitet, wobei die Motivation der Akteure aufgrund der relativ höheren Autonomie (bei breiter verteilten Entscheidungskompetenzen) stärker sein kann. Die dezentrale Organisation fördert potenziell bessere Entscheidungen, da die Spezialisten profunde Kenntnisse über ihre Zuständigkeitsgebiete haben; das marktorientierte „Gesamtbild" hängt aber auch von der tatsächlichen Marktorientierung sowie der Führungskompetenz der jeweils mit Entscheidungsbefugnissen ausgestatteten Einheiten ab. Die Verbreitung von Marktinformationen im polyzentrischen Netzwerk kann gegenüber der fokalen Struktur schneller verlaufen, da der polyzentrische Ansatz unmittelbare Kommunikationsakte bzw. kürzere Kommunikationswege bedeutet und die Zentraleinheit der fokalen Organisation womöglich leichter überlastet wird.

6. Reorganisation

Lernziele: Sie sollen mit möglichen Anliegen und den charakteristischen Eigenschaften von Reorganisationen – die als organisatorische Änderungen größeren Ausmaßes zweckmäßig aus Sicht eines umfassenden Change Management zu gestalten sind – vertraut gemacht werden. Sie sollen verstehen, dass die Anwendung von Prozessmodellen die Komplexität von Reorganisationen beherrschbarer macht (Kap. 6.1). Weiter sollen Sie Ihnen die Teilaufgaben und methodischen Möglichkeiten der einzelnen Schritte eines systematischen Reorganisationsprozesses vermittelt werden, um in der Anwendungssituation in der Praxis diesbezüglich begründete Entscheidungen treffen zu können (Kap. 6.2).

6.1 Anliegen und Prozesscharakter von Reorganisationen

Reorganisationen werden als tiefer greifende Veränderungen der strukturellen oder ablauforientierten organisatorischen Vorkehrungen im Unternehmen verstanden, die sich in größerem Umfang auf die Mitarbeiter und weitere Merkmale des Unternehmens (z.B. Kultur) auswirken. Sie unterbrechen eine (formal oder informal getriebene) kontinuierliche, also recht „allmähliche" Unternehmensentwicklung und können aus unterschiedlichen Gründen erforderlich werden. So bieten veränderte Ziele des Unternehmens, die unzureichende Unterstützung der Strategie bzw. die zunehmende Unangepasstheit einer gegebenen Organisationslösung aufgrund geänderter Rahmenbedingungen, aber auch der Kauf eines weiteren Unternehmens und dessen nachfolgende organisatorische Integration durch das erwerbende Unternehmen mögliche Anlässe hierfür.

Fasst man Reorganisationen als Maßnahmen auf, die aufgrund ihrer Verflechtungen mit weiteren Handlungsfeldern des Unternehmens (z.B. Planungs- und Führungssysteme) konsequent aus Sicht der Führung des gesamten Unternehmens zu gestalten sind (vgl. Kap. 1), ist zu ihrer Steuerung ein weit reichendes *Change Management* (*Wandlungsmanagement*) des Unternehmens angemessen. Dieses steuert die Suche, Bewertung, Auswahl und Verankerung einer neuen Organisationsform (oder die Veränderung einer gegebenen Lösung) aus einem übergreifenden Blickwinkel – der z.B. auf die umfassende Stärkung der Marktorientierung des Unternehmens oder eine radikale Kostensenkung gerichtet ist – und nimmt weitere zur Zielerreichung erforderliche Anpassungen (die die Bedingungen für organisatorische Maßnahmen oder komplementäre Instrumente betreffen können) im Unternehmen vor (vgl. bereits Kap. 2.2).

Day (1999) konzipiert ein *Wandlungsprogramm zur Verbesserung der Marktorientierung* eines Unternehmens, das die maßgeblichen Aktivitäten als teilweise überlappende, parallel zu bewältigende Aufgaben erfasst, die inhaltlich z.B. die Unternehmenskultur, organisatorische Regeln, Informationssysteme und personalpolitische Anreize betreffen können. In diesem Ansatz wird das Hervorheben der Führungsverantwortung des Top Managements in Bezug auf einen marktorientierten Wandel als *permanente* Aufgabe verstanden, die zu einem wirkungsvollen marktgerichteten Lernprozess führen soll (vgl. Day (1999), S. 13 ff.). Sind nach umfassenderer Abwägung *organisatorische Änderungen* („Aligning structures") geboten, um die Marktorientierung zu stärken, werden diese (in Abstimmung mit weiteren Maßnahmen, die z.B. Informations- und Berichtssysteme berühren) zielorientiert geplant und umgesetzt; die hierfür notwendige Mobilisierung der Beteiligten ist in der Regel nur in einem längerfristigen Prozess zu gewinnen. Eine systematische Kommunikation der laufenden Erfolge eines Wandlungsvorhabens verstärkt die Antriebskräfte und begünstigt Lerneffekte (vgl. Faix (2009)).

Typische *Anforderungen*, denen Reorganisationen von Unternehmen unterliegen, sind – neben der Erhöhung der Markt- bzw. Kundenorientierung – die Steigerung der Kostenwirtschaftlichkeit, die Verbesserung der Koordinationsfähigkeit oder die Verkürzung der Reaktionszeit des Unternehmens auf interne wie externe Änderungen. Derartige Erfordernisse lassen sich in der Regel direkt oder indirekt mit der nicht ausreichenden Erfüllung von Zielen des Unternehmens (z.B. unzureichende Kundenzufriedenheit und nachfolgende Einbußen bei den Betriebsergebnissen) in Verbindung bringen.

Viele der in der Realität zu beobachtenden Reorganisationen sind auf die angestrebte (stärkere) Realisierung von vier *Gestaltungsprinzipien* zurückzuführen: Erhöhung der Eigenverantwortung, Bildung überschaubarer Bereiche, Einbringung von Marktdruck und Harmonisierung von Schnittstellen (vgl. Frese/v. Werder (1994), S. 7 ff.):

Im Rahmen der *Stärkung der Eigenverantwortung* sollen durch eine Delegation von Entscheidungen bzw. die Erhöhung des Entscheidungsspielraums „vor Ort" die Handlungsgeschwindigkeit erhöht sowie die kreativen Potenziale der Mitarbeiter und ihre Vertrautheit mit ihrer Aufgabenumwelt besser genutzt werden.

Das zweite Prinzip setzt auf die *Bildung übersichtlicher, möglichst abgeschlossener Aufgabenkomplexe* (vor allem durch Vermeidung von Interdependenzen zwischen organisatorischen Einheiten), durch die konfliktfreiere, einfachere Informationsbeziehungen, eine bessere Orientierung an gemeinsamen Bezugsobjekten (zur Stärkung der Identifikation mit der anstehenden Aufgabe) und eine leichtere Zuordnung von Ergebnissen (mit dem Resultat einer besseren Motivation) begünstigt werden.

Bei der *Erzeugung von Marktdruck* werden möglichst viele Aktivitäten in einem Unternehmen mit marktlichen Alternativen (z.B. Preise und Leistungen von Wettbewerbern) konfrontiert, wodurch Anreize für ein effizientes Verhalten im Unternehmen erwartet werden.

Schließlich zielt die *Harmonisierung von Schnittstellen* darauf, die hemmende Wirkung von Bereichsgrenzen (vor allem über die Internalisierung kritischer Schnittstellen) zu überwinden, um die Kommunikation zu vereinfachen und die Bereitschaft zur Kooperation zu stärken. Es gilt die Annahme, dass die Zugehörigkeit der fraglichen Mitarbeiter zu einem Teilsystem die Angleichung von Verhaltensweisen bei der Wahrnehmung und Lösung von Problemen fördert.

Die Gestaltungsprinzipien werden durch *organisatorische Maßnahmen* umgesetzt, die sich teilweise ergänzen können (vgl. Abb. 33).

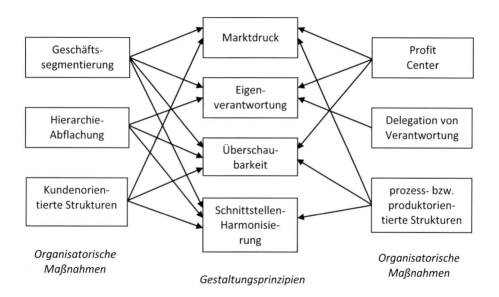

Abbildung 33: Gestaltungsprinzipien und Organisationsmaßnahmen
Quelle: Mit geringfügigen Änderungen übernommen von Frese/v. Werder (1994), S. 13.

Empfehlungen zur Art und Weise, wie Reorganisationsprobleme im Unternehmen behandelt werden, sollten die *charakteristischen Merkmale* von Reorganisationen beachten.

Reorganisationen betreffen regelmäßig *schlecht-strukturierte, komplexe Entscheidungsprobleme*, die unter erheblicher *Unsicherheit* zu bearbeiten sind. Weil sie zudem – und zwar mitunter bei vielen Mitarbeitern – im Unternehmen Routinen (als individuelle oder kollektive Gewohnheiten) durchbrechen und nicht zuletzt auch – vor allem aufgrund der

Unsicherheit über mögliche Betroffenheiten – *Widerstände* auslösen, stellt ihre Bewältigung an das Management hohe Anforderungen.

Als bedeutsame empirisch beobachtete Problembereiche von Reorganisationen werden die unzureichende Abstimmung von Reorganisationsgestaltung und strategischer Grundausrichtung des Unternehmens, das Vorliegen unsicherer und komplexer Entscheidungssituationen sowie Schwierigkeiten bei der Disposition von Inputgütern für die Reorganisation (z.B. unzureichende Fähigkeiten zur Steuerung des organisatorischen Wandels, schlechte Vorbereitung von Mitarbeitern für den Wandel) angeführt (vgl. Freiling (2001), S. 8 ff.). Die Angaben in der Literatur über die Anteile gescheiterter Reorganisationsprojekte sind recht hoch, schwanken allerdings auch je nach Bericht (vgl. z.B. Nippa (1997), S. 21; Schirmer (2000), S. 1 ff.; Schäcke (2006), S. 19). So findet etwa Nippa (1997), S. 21, dass bis zu 80% der Reorganisationen scheitern. Die eindeutige Beurteilung solcher Befunde ist aber schwierig, da z.B. die Kriterien für den (Miss-) Erfolg einer Reorganisation variieren und erfolglose Unternehmen (womöglich) nach einer gewissen Zeit nicht mehr als Auskunftsquelle zur Verfügung stehen. Jedenfalls fasst Freiling (2001), S. 59, nach einer Diskussion der Unsicherheit und Komplexität von Reorganisationen sicherlich berechtigt zusammen, „daß Reorganisationen einen Entscheidungstatbestand darstellen, der die Unternehmungsführung vor größte Probleme stellt."

Die Verwendung ausgewogen konzipierter *Prozessmodelle* der Reorganisation trägt dazu bei, Probleme zu lösen, die den Erfolg von Reorganisationen beeinträchtigen können (z.B. fehlende Orientierung an den strategischen Zielen des Unternehmens, Zuweisung ausreichender Ressourcen). Wie angeführt, wird ihr Einsatz zweckmäßiger Weise von einem umgreifender angelegten Change Management des Unternehmens begleitet, das insbesondere eine längerfristige Transformation des Unternehmens durch Mitarbeiter mit entsprechendem Know-how steuern kann. Die folgende Modellierung verschiedener Phasen des Reorganisationsprozesses (vgl. Grochla (1982), S. 44; ähnlich auch Thom/Wenger (2003), S. 275 ff.) betont die zeitliche Struktur der Behandlung von Teilproblemen im Rahmen der Gestaltung (vgl. Abb. 34):

Abbildung 34: Reorganisationsprozess
Quelle: Grochla (1982), S. 44.

Grundsätzlich stellt ein Phasenmodell des Gestaltungsprozesses keine streng zeitliche Ordnung der Teilaufgaben dar, da sich Vor- und Rückkopplungen, parallele Bearbeitungen von Teilschritten u.ä. ergeben können – wie bereits im Falle des oben angeführten Wandlungsprogramms gezeigt. Vielmehr soll die bewirkte sachliche Strukturierung den Organisierenden helfen, auf Basis einer angemessenen Orientierung die relevanten Anforderungen systematisch zu bewältigen und bezüglich der einzelnen Stufen adäquate methodische Unterstützung zu mobilisieren. Es ist von Vorteil, wenn im Ablauf des Prozesses flexibel auf Änderungen von Datenlagen und neue Prioritäten eingegangen werden kann.

6.2 Einzelbetrachtung der Stufen eines Reorganisationsprozesses

Weil organisatorische Probleme häufig nicht ohne weiteres Zutun offensichtlich werden, ist in Unternehmen eine *aktive, frühzeitige Problemerkennung* geboten, um die Chancen zur Findung adäquater Lösungen zu erhöhen (vgl. dazu und zum Folgenden Grochla (1982), S. 44 ff.). Organisatorische Probleme liegen immer dann vor, „wenn die bestehenden organisatorischen Regeln nicht oder nicht in genügendem Maße in der Lage sind, die zur effizienten Aufgabenerfüllung notwendige Ordnungsfunktion zu leisten" (Grochla (1982), S. 49; im Orig. mit Hervorhebungen). Inhaltlich können Reorganisationsprozesse durch vielfältige Faktoren ausgelöst werden, die etwa an die dargestellten organisationstheoretischen Beiträge – vgl. Kap 2.3 – anknüpfen (z.B. Diskrepanzen zwischen Kontext und Struktur eines Unternehmens, Inkonsistenzen zwischen verschiedenen Parametern des Unternehmens).

Eine Leitidee der folgenden Ausführungen ist, dass die situative Angemessenheit der Entscheidungen des Unternehmens überlegene Ergebnisse für dieses bewirkt. *Khandwalla* ermittelt anhand von Daten über 79 US-amerikanische Unternehmen aus verschiedenen Branchen, dass Unternehmen, die sich durch Spartenbildung und Entscheidungsdezentralisation an eine höhere Komplexität und Ungewissheit der Umwelt anpassen, erfolgreicher sind als Unternehmen ohne solche Maßnahmen (vgl. Khandwalla (1975), S. 141 ff., Khandwalla (1973)). Für die Implementierung von Strategien zeigt Donaldson (1987), S. 13 ff., dass Unternehmen, die ihre Struktur mit den geänderten Erfordernissen in Einklang bringen, effizienter sind als Unternehmen, die hierauf verzichten; Hamilton/Shergill (1992), S. 97 ff., erzielen ein vergleichbares Ergebnis. Jedoch ist bei einem erkannten organisatorischen Problem (z.B. Inkonsistenz unternehmensbezogener Parameter) nicht von einer Zwangsläufigkeit bei der Vornahme von Änderungen auszugehen, da z.B. oft politische Prozesse dafür sorgen, dass sachliche Änderungserfordernisse nicht aufgegriffen werden bzw. erst ein „prominentes Ereignis" hierfür den Anstoß geben muss (vgl. Gabele (1992), Sp. 2207 f.; Kirsch/Esser/Gabele (1979), S. 170 ff.; Cohen/March/Olsen (1972)). *Kirsch et al.* verstehen prominente Ereignisse „als Indikatoren oder Geschehnisse, die eine organisatorische Situation aktuell so verändern oder verändert haben, daß einschneidende Auswirkungen auf das Leben, die Geschäftsabwicklung oder die Erwartungsstruktur einer Organisation unumgänglich sind" (Kirsch/Esser/Gabele (1979), S. 171).

In zahlreichen Unternehmen werden die Bemühungen zur Problemerkennung regelmäßig – und nicht nur anlassgebunden – betrieben und durch *Einsatz von Methoden* systematisiert. Hierbei kommen z.B. speziell zugeschnittene *Benchmarking*-Studien oder *Audits* zur Anwendung. Audits sind zukunftsorientierte Analysen und Beurteilungen der Handlungskonzeptionen sowie der prozessualen und strukturellen Voraussetzungen eines Unternehmens zur periodischen (z.B. jährlichen) Überprüfung des gesamten Führungssystems (vgl. Köhler (1993), S. 397 f.). Audits können – etwa als „Marketing-Audits" – mit einem inhaltlichen Fokus versehen werden, um allzu unbestimmte, offene Suchen nach „irgendwelchen" Problemen, Missständen etc. zu vermeiden. So lässt sich ein Audit etwa auf die *Feststellung der Marktorientierung* eines Unternehmens hin ausrichten, die z.B. im Rahmen einer strategischen Neuorientierung an Bedeutung gewinnen kann (vgl. Romer/van Doren (1993), S. 179 ff.). Die folgenden Prüffragen für ein

Audit zur Beurteilung der Marktorientierung gehen auf diese unter inhaltlichem und prozessualem Blickwinkel ein (vgl. Abb. 35).

- Passen wir uns schnell und sachgerecht an Änderungen der Kundenbedürfnisse an?
- Gehen wir früh und umsichtig auf (individuelle) Kundenwünsche ein?
- Werden bei der Planung von eigenen Maßnahmen die Reaktionen der Konkurrenten einbezogen?
- Reagieren wir schnell und wirksam auf Konkurrenzmaßnahmen?
- Wird rechtzeitig erkannt, ob neue Wettbewerber in den Markt eintreten?
- Erfolgt die marktorientierte Informationsgewinnung ausreichend schnell, so dass eine rechtzeitige Anpassung an geänderte Marktbedingungen gelingt?
- Sind die gewonnenen Informationen relevant und decken den marktlichen Informationsbedarf der Entscheider (z.B. Höhe von Marktpotenzialen, -volumen) richtig sowie hinreichend genau?
- Werden die gewonnenen Informationen ausreichend schnell im Unternehmen verbreitet?
- Erfolgt die Weiterleitung der Informationen vollständig und unverfälscht?
- Werden die erarbeiteten Informationen zielsicher im Unternehmen verbreitet?
- Werden Entscheidungen im Unternehmen ausreichend schnell getroffen?
- Kommen Entscheidungen umsichtig (unter breiter Ausnutzung der Informationen) und ausgewogen (ohne einseitige Berücksichtigung von Sichtweisen) zustande, so dass eine hohe Entscheidungsqualität gefördert wird?
- Werden Entscheidungen rasch oder lediglich verzögert umgesetzt?
- Geschieht die Umsetzung der Entscheidungen vollständig und genau?

Abbildung 35: Prüffragen für ein Audit zur Marktorientierung

Werden unter Bezugnahme auf diese (und weitere) Untersuchungsfragen Defizite im Bereich der Marktorientierung erkannt, können vor diesem Hintergrund – als *ein* möglicherweise bedeutsames Handlungsfeld – die spezifischen organisatorischen Regelungen des Unternehmens analysiert werden. Die folgende Übersicht listet Prüffragen für eine nähere Untersuchung der organisatorischen Qualität unter dem Aspekt der Marktorientierung auf (vgl. Abb. 36).

- Entspricht die Verankerung des Marketing in der Gesamtorganisation des Unternehmens den Zielen der marktorientierten Unternehmensführung?
- Gibt es klare Zuständigkeiten für die Produkte als Erfolgsträger des Unternehmens?
- Sind die Über- und Unterordnungsverhältnisse sowie die Aufgaben- und Verantwortungsbereiche im Marketing- bzw. Vertriebsbereich eindeutig festgelegt?
- Welche Verbesserungen könnten durch organisatorische Veränderungen (z.B. Einführung einer Matrix-Organisation, Erhöhung der Dezentralisation) erzielt werden?
- Arbeiten Vertrieb und Marketing reibungslos zusammen?
- Treten bei den Marketing-Funktionen (Marketing-Logistik, Marktkommunikation etc.) regelmäßig Probleme (z.B. häufige Lieferengpässe, geringe Wirksamkeit von Werbekampagnen) auf?
- Ist die Marktforschung in der Lage, den bestehenden Informationsbedarf angemessen zu decken?
- Gibt es Defizite in der Zusammenarbeit zwischen Marketing und Produktion? Zwischen Marketing und F&E? Zwischen Marketing und Beschaffung? (...)
- Stehen die geplanten Marketing-Strategien im Einklang mit den Produktions-, F&E- bzw. Technologie- und Beschaffungsstrategien? Sind die Ursachen für den Erfolg oder Misserfolg einer Marketing-Strategie transparent und identifizierbar?
- Gibt es für die bedeutsamen Kunden, Handelspartner und wichtige, absatzrelevante Akteure (z.B. Logistikpartner) feste Ansprechpartner im Unternehmen?
- Arbeitet das Unternehmen mit den Partnern auf der Absatzseite (Handelsunternehmen, Spediteure etc.) reibungslos zusammen?
- Ist die Kundenorientierung im Unternehmen organisatorisch verankert? Gibt es eindeutige Zuständigkeiten für Kunden (-gruppen)? *Wenn nicht*: Wie wird dies begründet?
- Gibt es Zuständigkeiten für Aktivitäten (z.B. Gewinnung von Informationen), die auf die Wettbewerber des Unternehmens bzw. Konkurrenzprodukte gerichtet sind?

Abbildung 36: Prüffragen für ein Audit zur Organisationsgestaltung

Ein organisatorischer Handlungsbedarf aufgrund erkannter Probleme ergibt sich bei Anwendung der Prüfkriterien nicht als strikte Folge einer „Berechnung" (z.B. mittels Punktwertverfahren), sondern eher nach Maßgabe einer qualitativen Einschätzung, die auch die Kosten etwaiger Änderungen ins Kalkül einbezieht.

In der Phase der *Initiierung* ist das Kosten-Nutzen-Verhältnis einer Reorganisation zu schätzen; mit der Inangriffnahme des Gestaltungsprozesses nach einer positiven Grundsatzbewertung der intendierten Veränderung sind Aktivitäten zu dessen systematischer *Förderung* einzuleiten, die Maßnahmen zum Umgang mit etwaig vorhandenen Barrieren des Wandels betreffen oder einem „Versanden" des Prozesses vorbeugen sollen (vgl. Grochla (1982), S. 52 ff.).

Kosten-Nutzen-Abschätzungen im „Vorfeld" einer etwaigen Reorganisation sind zwar aufgrund von Zuordnungs-, Operationalisierungs- und Bewertungsproblemen mit Schwierigkeiten verbunden. Es hat sich aber bewährt, bereits in einem frühen Stadium von Reorganisationen die *grundsätzlichen* Nutzen- und Kosteneffekte organisatorischer Änderungen in kürzer- und längerfristiger Sicht zu erfassen und die (qualitativen) Resultate den Entscheidungsträgern und Betroffenen transparent zu machen. Während der Nutzen einer Organisationsänderung mit Kriterien wie z.B. der Erhöhung von Kommunikationsqualität und -geschwindigkeit oder der Verringerung von Konflikten erfasst werden kann, werden die (direkten) Kosten für diese Änderung durch Analysen sowie die Planung und Implementierung organisatorischer Lösungen (z.B. Schulungen für die Betroffenen) verursacht.

Werden Abweichungen zwischen Anforderungs- und Organisationsmerkmalen des Unternehmens erkannt, lässt sich daraus ein Vergleich zwischen *Misfit-Kosten* (bewertete Nachteile, die durch nicht-abgestimmte, unangemessene organisatorische Parameter entstehen) und *Kosten einer organisatorischen Transformation* ableiten und einer dynamischen Betrachtung zugänglich machen (vgl. Krüger (1994), S. 202 f.): So kann eine zunächst angemessene Konstellation organisatorischer Parameter im Zeitablauf allmählich aufgrund geänderter marktlicher Anforderungen, neuer technischer Möglichkeiten usw. ihre Leistungsfähigkeit verlieren – es treten erste Misfits auf, die den Unternehmenserfolg beeinträchtigen (z.B. nicht ausgeschöpfte Cross-selling-Potenziale, weil die Produktsparten eines Unternehmen ihr Verhalten gegenüber Kunden nicht koordinieren). Unter der Voraussetzung eines rationalen Verhaltens werden die Misfit-Kosten mit den Transformationskosten verglichen und Anpassungen erst initiiert, wenn die Misfit-Kosten aufgrund erheblicher Abweichungen die Transformationskosten übersteigen. Dann jedoch können beträchtliche Anstrengungen erforderlich sein, um die während der „Anpassungslücke" aufgeschobenen Änderungen vorzunehmen (vgl. Abb. 37).

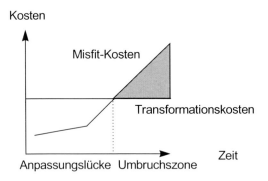

Abbildung 37: Misfit- und Transformationskosten
Quelle: Krüger (1994), S. 203.

Die *Förderung* von Reorganisationen zielt auf die Schaffung bestmöglicher Rahmenbedingungen für den Ablauf der Reorganisation. Eine wesentliche Aufgabe ist die Beurteilung von Konfliktpotenzialen und die Ermittlung ihrer Ursachen, um letztlich Akzeptanz für die organisatorische Veränderung zu erreichen (vgl. Kap. 2.2). *Änderungsakzeptanz* bedeutet, dass die Betroffenen aktive Bereitwilligkeit zeigen, Veränderungsprozesse zu fördern und zu gestalten, diese Eigenschaft zeichnet *Promotoren* des Wandels aus (vgl. Kap. 5.1.2). Vergleichbare Akteure werden auch „Innovatoren" (vgl. Chandler (1962)) oder „Change Agents" genannt. Diese werden als Personen (oder auch Gruppen, Institutionen) verstanden, die „einen organisatorischen Wandel stimulieren, führen und stabilisieren sollen" (Kirsch/Esser/Gabele (1979), S. 279). Sie tragen dazu bei, Ziele des Wandels zu bestimmen und taugliche strategische Optionen zur Umsetzung zu erkennen. Das Gegenstück zur Akzeptanz ist *Resistenz* (Widerstand), die die *Opponenten* charakterisiert (vgl. Krüger (1994), S. 204 ff.; Krüger (1998), S. 232 ff.; Kolks (1990), S. 122 ff.). Resistenz basiert auf Einschätzungen von Individuen oder Gruppen bezüglich der Vorzüge einer gegebenen Situation, die mit mehr oder weniger ungewissem Ausgang geändert werden soll: „Menschliches Verhalten ist meist durch das Bestreben gekennzeichnet, den status quo aufrecht zu erhalten, wenn nicht positiv bewertete Veränderungsergebnisse eindeutig prognostizierbar sind. Reorganisationsprozesse sind für den einzelnen aber meist mit zum Teil erheblichen Unsicherheiten bezüglich ihrer Konsequenzen verbunden. Die Folge ist offener oder verdeckter Widerstand" (Marr/Kötting (1992), Sp. 831).

Die Entstehung von Akzeptanz und Resistenz (sowie von Promotoren und Opponenten) lässt sich näher entlang eines Schemas begründen, dessen Stufen im Wesentlichen informationsbezogen charakterisiert werden können und zugleich Ansatzpunkte für Eingriffe durch das Change Management aufzeigen (vgl. Abb. 38).

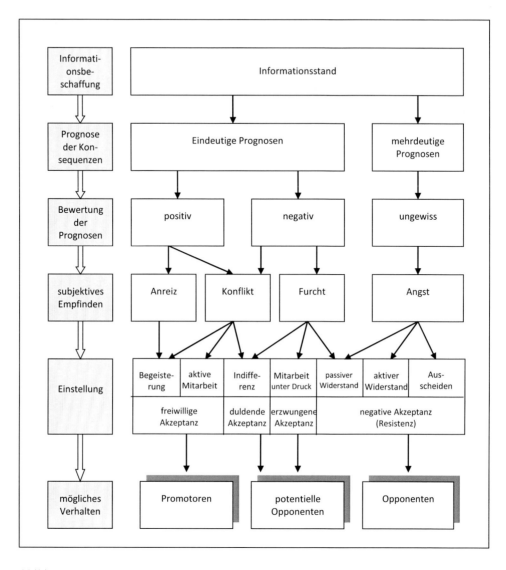

Abbildung 38: Entstehung von Promotoren und Opponenten
Quelle: Krüger (1994), S. 206.

Vor dem Hintergrund derartiger Analysen können die unterschiedlichen Gruppen von Stakeholders im Unternehmen gezielt auf jeweils passende Weise angesprochen werden (Überzeugung von Opponenten, Verstärkung der Handlungsgrundlagen von Promotoren). Es ist für ein Reorganisationsprojekt förderlich, wenn derartige auf das Erzielen von Akzeptanz gerichteten Bemühungen proaktiv erfolgen. Utikal/Ebel (2006), S. 170, berichten aus einem Reorganisationsfall, bei dem für den Reorganisationsprozess zunächst Prozessziele (Integration des unternehmensspezifischen Wissens, Schaffung von Transparenz und Dominanz von Sachargumenten bei der Entscheidung für eine neue

Organisationsstruktur sowie Erreichen einer hohen Akzeptanz) festgelegt wurden, bevor in einer späteren Phase der Reorganisation Anforderungen an die Organisationsstruktur bestimmt wurden.

In der folgenden *Aufnahme und Analyse des Problemfeldes* geht es darum, einen zunächst meist nur groben Überblick über das vorliegende Problem zu verfeinern. Im Falle einer komplexeren Gestaltungsaufgabe, die sich mit Bezug zum Gesamtunternehmen oder größeren Teilen davon leicht ergeben kann, kann dies durchaus ein mehrstufiges Vorgehen bedeuten. Bei einer Reorganisation lassen sich im Einzelnen die Analyse des Ist-Zustandes der organisatorischen Regelungen, die Ermittlung der relevanten Gestaltungsbedingungen, eine Prognose ihrer zukünftigen Entwicklung, der Entwurf von Anforderungen an organisatorische Regeln sowie eine Bewertung des Ist-Zustandes vor dem Hintergrund der Anforderungen unterscheiden.

Für die *Analyse des Ist-Zustandes* des relevanten organisatorischen Feldes (Gesamtunternehmen oder einzelne Teilbereiche, Abteilungen, Prozesse etc.) bieten sich verschiedene *Methoden* an, die die Gewinnung der benötigten Informationen (Befragung und Beobachtung von Beteiligten als Formen der Primärforschung, Analyse von Dokumenten u.ä. als Form der Sekundärforschung) und ihre Systematisierung fundieren (z.B. Organigramm, Funktionendiagramm, Prozessanalyse; vgl. z.B. Schmidt (2003), S. 162 ff.; Klimmer (2011), S. 250 ff.). Während Organigramme mit den in der Regel vermittelten Aufgabenzuordnungen und Weisungsbeziehungen eher grundlegende Übersichten der (formalen) Organisation eines Unternehmens liefern, sind Funktionen- und Prozessdiagramme (je nach konkreter Anlage) deutlich besser in der Lage, auch bereits problem- und ursachenorientierte Hinweise für die Reorganisation zu liefern. Die folgende Abbildung zeigt ein Beispiel für ein (insgesamt allerdings recht grob gehaltenes) Funktionendiagramm (Abb. 39).

	Unternehmensleitung	Marketingleitung	F&E-Leitung	Produktionsleitung	Einkaufsleitung	Controlling
Situationsanalyse	I	I	I			D
Strategieplanung	E	D		M	M	I
Neuproduktplanung	I	M	D/E	M	I	I
Vertriebsplanung	E	D		M	M	I
Fertigungsplanung	M	M		D/E	M	I
Beschaffungsplanung		I	M	M	D	I
…						
Legende: D = Durchführung; E = Entscheidung; M = Mitarbeit; I = Information					

Abbildung 39: Beispiel für ein Funktionendiagramm

Zu diesem Beispiel stellt sich etwa die Frage, warum die F&E-Leitung nicht in die Strategieplanung einbezogen ist, obwohl sie mit der Neuproduktplanung ein hierfür wesentliches Element verantwortet; aus einer derartigen Konstellation können inhaltliche und motivationsbezogene Probleme resultieren. Es ist ein Vorteil von entsprechend angelegten Darstellungen, dass solche (und weitere) Fragen „provoziert" und Verbesserungsmöglichkeiten diskutiert werden können.

Gegenüber dem Funktionendiagramm, das Zuständigkeiten für spezifische Verrichtungen verdeutlicht, ohne auf tatsächliche Abfolgen von Aktivitäten einzugehen, zeigen Prozessdiagramme die Aufgaben und Rollen von beteiligten Stellen in Bezug auf konkrete Ablaufschritte eines Vorgangs (vgl. Abb. 40).

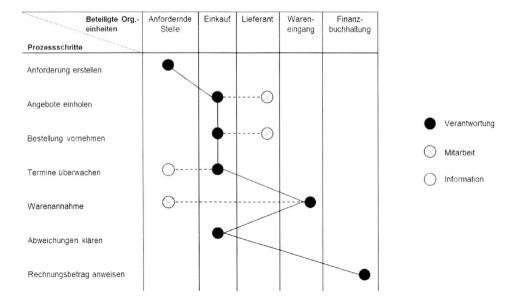

Abbildung 40: Beispiel für ein Prozessdiagramm
Quelle: Klimmer (2011), S. 155.

Im Rahmen der Bestandsaufnahme erfasst die *Ermittlung der relevanten Gestaltungsbedingungen* bedeutsame interne (z.B. Produktprogramm und Kernkompetenzen des Unternehmens) und externe Faktoren (z.B. Gesetze, aber auch strategisches Verhalten der Wettbewerber, Anforderungen wichtiger Kunden), die für das organisatorische Vorgehen häufig den Charakter von Restriktionen aufweisen und den Raum möglicher Lösungen einengen (vgl. z.B. Schmidt (2003), S. 21 ff.). Im Anschluss an die Ermittlung sucht ihre *Prognose* sicherzustellen, dass auch ihre künftigen Ausprägungen (z.B. längerfristige Absichten der Wettbewerber) und die künftig zulässigen Aktionsfelder im Kern richtig eingeschätzt werden.

Die Entwicklung von *Anforderungen an organisatorische Regeln* legt die im Einzelnen zu beachtenden organisatorischen Bewertungskriterien (z.B. Förderung der Marktorientierung, Verbesserung der Koordinationsfähigkeit) fest (vgl. Kap. 2.2) und definiert damit die Grundlagen für die spätere Auswahl der neuen Organisationslösung. Die *Bewertung des Ist-Zustandes* liefert eine zusammenfassende Beurteilung der aktuellen Lösung vor dem Hintergrund der festgelegten Anforderungen. Das folgende Beispiel einer qualitativen Bewertung orientiert sich an den in Kap. 2.2 erörterten Kriterien und geht ergänzend auf Indikatoren ein, die die Situation im Unternehmen näher beschreiben und konkretisieren (Abb. 41):

Kriterium	Bewertung	Indikatoren
Koordinationsfähigkeit	Nicht zufriedenstellend, da wesentliche Leitungsstellen (insbesondere Unternehmensleitung) mit Abstimmungsaufgaben überlastet sind	• Verzögerte Strategieentscheidungen • Unkooperatives Verhalten zwischen Abteilungen
Marktorientierung	Nicht zufriedenstellend, da die Ausrichtung auf wichtige Kunden des Unternehmens nicht konsequent gelingt; Marktchancen bei Neukunden werden nur unzureichend genutzt	• Unzufriedenheit bei wichtigen Kunden • Fehlgeschlagene Akquisition interessanter Neukunden • Unzufriedenheit der Mitarbeiter in Marketing und Vertrieb
Wirtschaftlichkeit der Ressourcennutzung	Recht zufriedenstellend, da wesentliche Ressourcen im Unternehmen gut ausgelastet sind	• Herstellkosten zentraler Produkte des im Vergleich zu Wettbewerbern günstig • Prozesskosten für die Auftragsabwicklung relativ hoch
Motivation	Recht zufriedenstellend	• Mitarbeiterbefragungen zeigen insgesamt günstige Werte für Mitarbeitermotivation und -zufriedenheit • Beschwerden von Mitarbeitern über Führungsverhalten in einigen Bereichen gleichwohl in jüngerer Zeit gestiegen

Abbildung 41: Bewertung des Ist-Zustandes einer Aufbauorganisation

Die Stufe der *Problemdiagnose* und *Vorgabe von Gestaltungszielen* dient zum einen der Ermittlung der Ursachen der erkannten Schwachstellen und Mängel. Werden die Ursachen der Probleme nicht richtig erarbeitet, besteht die Gefahr, dass organisatorische Änderungen lediglich Symptome an der Oberfläche kurieren. Die Problemdiagnose kann durch Methoden wie die Systematische Problemanalyse, die 5W-Technik oder eine Schwachstellenanalyse unterstützt werden. Derartigen Methoden ist gemein, dass sie die Bemühungen zur Ursachenfindung und -begründung systematisieren und einem eventuell auch heterogen besetzten Arbeitsteam einen Bezugspunkt für die Analyse und Kommunikation bieten sollen. Das folgende Beispiel einer Schwachstellenanalyse greift den obigen Bewertungsfall (Abb. 41) auf und verdeutlicht mögliche Ursachen hierfür, die sich in einem konkreten Anwendungsfall aus Befragungen der Unternehmensangehörigen (z.B. in einem Organisationsworkshop) ergeben haben mögen. Bei der Schwachstellenanalyse werden die Indikatoren der Bewertungssituation als Symptome des Problems identifiziert, deren Kenntnis eine systematische Suche nach Ursachen leitet (vgl. Abb. 42):

Schwachstelle	Symptome	Mögliche Ursachen
Koordinationsfähigkeit	• Verzögerte Strategieentscheidungen • Unkooperatives Verhalten zwischen Abteilungen	• Erhebliche Interdependenzen zwischen Funktionsbereichen (Leistungsverflechtungen) erfordern zahlreiche aufwändige Abstimmungen • Zielkonflikte zwischen Abteilungen • Anreizsysteme, die nur in geringem Umfang Ziele mit Gesamtunternehmensbezug aufweisen
Marktorientierung	• Unzufriedenheit bei wichtigen Kunden • Fehlgeschlagene Akquisition interessanter Neukunden • Unzufriedenheit der Mitarbeiter in Marketing und Vertrieb	• Marktinterdependenzen zwischen komplementären Produkten, die von unterschiedlichen Produkt-Managern betreut werden • Langwierige Auftragsabwicklungsprozesse, da zersplitterte Zuständigkeiten
...	...	...

Abbildung 42: Auszug aus einer aufbauorganisatorischen Schwachstellenanalyse

Die zum anderen anzugebenden Gestaltungsziele legen vor dem Hintergrund der oben angeführten Bewertungskriterien fest, welche *konkreten Ausprägungen der Kriterien mit einer organisatorischen Veränderung* angestrebt werden sollen. Angesichts von Wechselwirkungen zwischen Kriterien – z.B. kann eine Verbesserung der Koordinationsfähigkeit durch Einführung objektorientierter Organisationseinheiten Einbußen bei der Wirtschaftlichkeit des Ressourceneinsatzes nach sich ziehen – ist im Regelfall eine Gewichtung des Stellenwertes der Kriterien erforderlich. Als Bezugspunkte hierfür bieten sich insbesondere die strategischen Absichten des Unternehmens an. So kann im obigen Beispiel etwa eine hohe Priorität auf die Erreichung einer leistungsfähigen Koordination bei gleichzeitig hoher Marktorientierung festgelegt werden, die sich aus der Verfolgung einer Differenzierung als Wettbewerbsstrategie ableitet. Eine operationale Zielformulierung kennzeichnet diese eindeutig bezüglich ihres Inhaltes, des Anspruchsniveaus und des Erreichungszeitraumes und stellt sicher, dass zum fraglichen Zeitpunkt unmissverständlich über die Erreichung der Ziele geurteilt werden kann.

Die anschließende *Generierung von Gestaltungsalternativen* ist eine kreative Aufgabe, die durch spezifische Techniken (z.B. Brainstorming oder auch Benchmarking) unterstützt werden kann. Sie kann grundsätzlich im Rahmen einer „induktiven" und einer „deduktiven" Vorgehensweise erfolgen (vgl. Kirsch/Esser/Gabele (1979), S. 320 f.). Während das *induktive Vorgehen* das bestehende organisatorische System – das selbst nicht grundlegend in Frage gestellt wird – zu verbessern sucht („Schwachstellen-Konzept"), orientiert sich der *deduktive Ansatz* an den (zukünftigen) Anforderungen der Elemente eines Systems. Beim induktiven Prinzip werden die Vereinfachung der Entwicklungstätigkeiten und die – eventuell – geringeren Widerstände der Nutzer betont, die allerdings um den Preis erkauft werden, dass eine grundlegende kritische – und notwendige – Revision der etablierten Lösung unterbleibt. Die Wertung des deduktiven Vorgehens hebt die größeren Bemühungen um eine umfassende Analyse der Systemanforderungen hervor, die strikt in eine sachlich angemessene Lösung übersetzt werden können; eine größere Distanz zum Ausgangszustand kann freilich erhebliche Widerstände der Betroffenen nach sich ziehen. „Ferner ist nicht zu vernachlässigen, daß ein radikal geändertes System statt der erwarteten Verbesserungen organisatorischer Sachverhalte häufig zunächst eine Reihe störender Friktionen auslöst, bis es sich eingespielt hat" (Kirsch/Esser/Gabele (1979), S. 321).

Die Systematisierung der *inhaltlichen* Ansatzpunkte für Reorganisationen kann unter mehreren Perspektiven erfolgen. Der Arbeitskreis „Organisation" (1996), S. 633 ff., unterscheidet als dominierende Gestaltungsinstrumente im Rahmen von Restrukturierungen organisatorische Basisbausteine (verstanden als nicht weiter zerlegbare Instrumente) sowie integrierte Organisationskonzepte (Bündel aus mehreren spezifisch ausgeprägten Basisbausteinen). Als *Basisbausteine* werden Delegation, Hierarchieabflachung, produkt- und kundenorientierte Strukturen, strukturelle Integrationsmechanismen (z.B. Teams), Einsatz von Informations- und Kommunikationstechnologien, Anreiz- und Karrieremuster, Personalentwicklung sowie die Vertrauensorganisation erfasst. Unter *integrierten Organisationskonzepten* werden Geschäftssegmentierung, Profit-Center-Konzept, Schnittstellenmanagement, Prozessgestaltung sowie die Entwicklung der Unternehmenskultur angeführt.

Im Falle von Reorganisationen, die das Unternehmen als Ganzes oder größere Teile davon betreffen, wird empfohlen, vor der Suche nach konkreten organisatorischen Alternativen zunächst eine grundsätzliche *Organisationsstrategie* zu entwerfen, die das weitere Vorgehen kanalisiert (vgl. Faix (2009), S. 30 ff.). Der folgende Bezugsrahmen, der einen Fokus auf marktorientierte Reorganisationen richtet, unterscheidet hierbei, ob die Organisationsänderung primär auf die Veränderung der Spezialisierung oder die Förderung der Zusammenarbeit zwischen (internen und externen) Einheiten des Unternehmens gerichtet ist (vgl. Abb. 43):

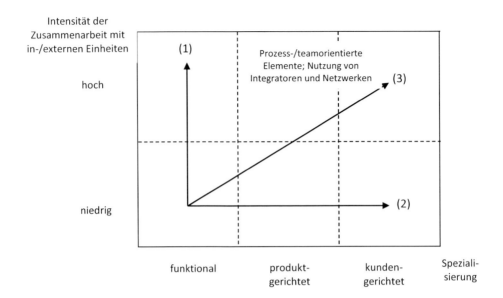

Abbildung 43: Strategische Stoßrichtungen für marktorientierte Reorganisationen

Die erste Stoßrichtung visiert die Stärkung der Zusammenarbeit zwischen internen (z.B. F&E und Marketing sowie Produktion) oder mit externen Bezugseinheiten (z.B. Handelspartner) an, wobei z.B. nach innen gerichtet prozessorganisatorische Instrumente und im Hinblick auf externe Partner die Netzwerkorganisation als organisatorische Maßnahmen eingeführt werden können. Die intendierte umfassende Förderung der marktgerichteten Informationsaktivitäten bei gleichzeitiger funktionaler Spezialisierung kann z.B. die Voraussetzungen für interaktive, auf intensiven Dialog mit den Marktpartnern gerichtete Marketing-Strategien verbessern, die unter Wahrung von Effizienzvorteilen eine hohe Geschwindigkeit der Leistungserbringung vorsehen. Die zweite Option richtet ihren Fokus auf eine stärkere Ausrichtung auf bestimmte Kunden (-gruppen), die im Zeichen einer erhöhten Kundenbindung stehen kann. Hierbei bildet die Verstärkung der Zusammenarbeit der internen und externen Einheiten nicht den Mittelpunkt. Die dritte strategische Stoßrichtung weist als Kombination der beiden ersten Optionen das anspruchsvollste Profil auf, dessen organisatorische Realisierung beträchtliche Chancen und Risiken bedeutet. Inhaltlich kann dies mit einer Strategie des Unternehmens in Verbindung stehen, wichtige Kundensegmente auf Basis umfassender Innovationsaktivitäten im Rahmen einer differenzierten Marktbearbeitung nachhaltig zu durchdringen.

Mit der Bestimmung der angestrebten Ausprägungen organisatorischer Variablen ist der *Weg zum organisatorischen Ziel* noch nicht festgelegt. So kann eine kundenorientierte Spezialisierung in einem Schritt oder über mehrere Zwischenstufen (mit allmählicher

Übertragung von Entscheidungskompetenzen und Verantwortung auf Kunden- oder Kundengruppen-Manager) eingeführt werden (vgl. Kempeners/van der Hart (1999)).

Die Wahl zwischen abrupteren und allmählicheren Vorgehensweisen für die Vornahme organisatorischer Änderungen knüpft an Überlegungen an, die das *Change Management* bei der Abwägung zwischen organisatorischem Wandel als *radikaler Änderung* eines Zustands (in recht kurzer Zeit) oder als *evolutionärer Aktivität*, die eine größere Zahl inkrementaler, die Grundpfeiler des Unternehmens nicht antastenden Änderungen bedeutet, angestellt werden (vgl. Krüger (1994), S. 204). Während die evolutionäre Lösung den Entwicklungsrhythmus an die Entwicklungsfähigkeit der Beteiligten anpasst und längerfristige Lernprozesse und den Erwerb von Selbstentwicklungsfähigkeiten begünstigt, kann auf radikalem Weg in kurzer Zeit ein umfassender Wandel „aus einem Guss" realisiert werden, um danach die Orientierung des Unternehmens wieder auf die Bewältigung von Markt- bzw. Umweltproblemen zu lenken. Die Entscheidung für einen Weg hängt – neben etwaigen Erfordernissen aufgrund von Unternehmenskrisen – u.a. von den zu erwartenden Widerständen und den verfügbaren Ressourcen ab.

In einem weiteren Schritt ist die organisationsstrategische Stoßrichtung unter Einbeziehung weiterer Handlungsfelder des Unternehmens (Personalpolitik, Unternehmenskultur etc.) *detailliert auszuarbeiten* bzw. *zu konkretisieren*. Hierbei sind z.B. Stellenbeschreibungen zu überarbeiten, Regeln für die künftige Zusammenarbeit zu bestimmen sowie Vorgehensweisen beim Übergang von der alten zur neuen Lösung zu gestalten.

Die entwickelten Alternativen sind sodann vor dem Hintergrund der Gestaltungsziele zu *bewerten*, um darauf aufbauend die günstigste Option *auswählen* zu können. Utikal/Ebel (2006), S. 174 ff., schlagen zur Bewertung organisatorischer Alternativen einmal eine sog. *Organisationsvorteilsmatrix* vor, durch die Beurteilungen von Alternativen in Bezug auf Effizienzkriterien mit den Bedeutungen dieser Kriterien verknüpft werden. Weiter wird ein sog. *Organisationsstärkeindex* errechnet, der die einzelnen Bewertungsergebnisse zu einer Kennzahl verdichtet. Faix (2007) stellt ein Anwendungsbeispiel für eine *Bewertungstechnik auf Basis eines Stärken-Schwächen-Profils* aus einer Reorganisation vor, bei der in einer funktionalen Absatzorganisation eines Unternehmens ein *Produkt-Management* eingerichtet wurde. Durch diesen Wandel sollten Defizite in der Ausrichtung des Unternehmens (das über verschiedenartige Produkte in seinem Absatzprogramm verfügte) auf seine Märkte abgestellt werden. Die Beurteilungen der Konstellationen vor und nach der Einrichtung des Produkt-Managements erfolgten im angesprochenen Beispiel inhaltlich unter Berücksichtigung einer prozessorientierten Sichtweise der Marktorientierung (vgl. zu den Kriterien bereits Abb. 36). Die

Ausprägungen der insgesamt 14 Kriterien je Alternative werden kompakt in einer Profildarstellung visualisiert, wobei die Kriterienausprägungen für jede Alternative mit Linienzügen verbunden sind. Trotz der recht komplexen Beurteilungssituation erlaubt dieser Ansatz eine zielführende Abwägung und Bewertung der Alternativen, bei der auch Wechselwirkungen zwischen Kriterien transparent werden.

Nach der abgeschlossenen Konzeption der neuen organisatorischen Regelungen sind Aktivitäten zur *Einführung und Durchsetzung* der *gewählten Alternative* notwendig (Schulungen der Betroffenen zur Information über die organisatorischen Änderungen, Gestaltung von Anreizen zum Abbau von Motivationsbarrieren etc.). Es ist von Bedeutung, diese Aktivitäten an den Erkenntnissen auszurichten, die bei der Analyse der Betroffenen (Einteilung in Promotoren, Opponenten etc.) gewonnen wurden.

Schließlich sollen eine *Kontrolle* und *Weiterentwicklung* der organisatorischen Regeln etwaig auftretende Fehler (bezüglich der Konstruktion der organisatorischen Lösung, ihrer Implementierung, der Einschätzung ihrer Wirkungen etc.) korrigieren helfen bzw. eine gegebenenfalls erforderliche Anpassung der Organisation an die Dynamik der internen und externen Gestaltungsbedingungen gewährleisten. Als Unterstützungsinstrumente eignen sich z.B. die aus dem Strategischen Management geläufigen Planfortschritts- und Prämissenkontrollen. Ergeben sich massive Änderungs- bzw. Anpassungserfordernisse, leiten diese Aktivitäten zu einer neuerlichen Reorganisation über.

7. Literatur

Ahlers, G. M. (2006): Organisation der Integrierten Kommunikation. Entwicklung eines prozessorientierten Organisationsansatzes, Wiesbaden 2006.

Ahn, H./Dyckhoff, H. (1997): Organisatorische Effektivität und Effizienz, in: Wirtschaftswissenschaftliches Studium, 26. Jg., 1997, H. 1, S. 2 – 6.

Aldrich, H. E./Pfeffer, J. (1976): Environments of Organizations, in: Annual Review of Sociology, 2. Jg., 1976, S. 79 – 105.

Arbeitskreis „Organisation" der Schmalenbach-Gesellschaft (1996): Organisation im Umbruch. (Was) Kann man aus den bisherigen Erfahrungen lernen? In: Zeitschrift für betriebswirtschaftliche Forschung, 48. Jg., 1996, H. 6, S. 621 – 665.

Arbeitskreis „Organisation" der Schmalenbach-Gesellschaft (2017): Organisationsmodelle für Innovation, in: Zeitschrift für betriebswirtschaftliche Forschung, 69. Jg., 2017, S. 81 – 109.

Barney, J. (1991): Firm Resources and Sustained Competitive Advantage, in: Journal of Management Studies, 17. Jg., 1991, S. 99 – 120.

Becker, J. (1999): Marktorientierte Unternehmensführung, Wiesbaden 1999.

Benting, J./Kern O./Bieringer, T. et al. (2008): Das Mitarbeiterpotenzial im Innovationsprozess nutzen: Die Initiative »Triple-i« der Bayer AG, in: Zeitschrift Führung + Organisation, 77. Jg., 2008, H. 5, S. 292 – 299.

Bergmann, M./Faix, A. (2007): Aufgabenschwerpunkte und Instrumente des Controlling, in: Controlling als Instrument der Unternehmensführung (Hrsg.: Bergmann, M./Faix, A.), Berlin 2007, S. 41 – 51.

Blau, P. M./Schoenherr, F. (1971): The Structure of Organizations, New York 1971.

Bleicher, K. (2009): Die Vision von der intelligenten Unternehmung als Organisationsform der Wissensgesellschaft, in: Zeitschrift Führung + Organisation, 78. Jg., 2009, H. 2, S. 72 – 79.

Brockhoff, K./Hauschildt, J. (1993): Schnittstellen-Management. Koordination ohne Hierarchie, in: Zeitschrift Führung + Organisation, 62. Jg., 1993, H. 6, S. 396 – 403.

Brockhoff, K. (1994): Management organisatorischer Schnittstellen - unter besonderer Berücksichtigung der Koordination von Marketingbereichen mit Forschung und Entwicklung, Hamburg 1994.

Brödner, P./Latniak, E. (2004): Recent findings on organisational changes in German capital goods producing industry, in: Journal of Manufacturing Technology Management, Vol. 15, 2004, H. 4, S. 360 – 368.

Bruning, E. R./Lockshin, L. S. (1994): Marketing´s role in generating organizational competitiveness, in: Journal of Strategic Marketing, 2. Jg., 1994, S. 163 – 187.

Büchler, J.-P./Faix, A. (2015): Erfolgsfaktor Innovationsmanagement – Ergebnisse des IHK-InnoMonitor 2014, in: Innovationserfolg. Management und Ressourcen systematisch gestalten (Hrsg.: Büchler, J.-P./Faix, A.), Frankfurt/Main 2015, S. 27 – 57.

Büchler, J.-P./Faix, A. (2016): Kontingenzansatz zur integrierten Planung der internationalen Innovationsvermarktung, in: Yearbook of Market Entry Advisory 2016. Communication in International Business (Hrsg.: Tirpitz, A./Schleus R. R.), Berlin 2016, S. 121 – 144.

Burns, T. (1990): Mechanistic and Organismic Structures, in: Organization Theory (Hrsg.: Pugh, D. S.), 3. Aufl., London 1990. S. 64 – 75.

Burns, T./Stalker, G. M. (1961): The Management of Innovation, London 1961.

Cohen, M. D./March, J. G./Olsen, J. P. (1972): A Garbage Can Model of Organizational Choice, in: Administrative Science Quarterly, 17. Jg., 1972, S. 1 – 25.

Chandler, A. D. jr. (1962): Strategy and Structure. Cambridge, London 1962.

Davenport, T. H./Short, J. E. (1990): The New Industrial Engineering: Information Technology and Business Process Redesign, in: Sloan Management Review, 31. Jg., 1990, H. 4, S. 11 – 27.

Day, G. S. (1994): The Capabilities of Market-Driven Organizations, in: Journal of Marketing, 58. Jg., 1994, H. 4, S. 37 – 52.

Day, G. S. (1999): Creating a Market-Driven Organization, in: Sloan Management Review, 41. Jg., 1999, H. 1, S. 11 – 22.

Day, G. S. (2000): How to become a successful market-driven organisation, in: European Business Forum, o. Jg., 2000, H. 4, S. 35 – 41.

Deshpandé, R./Webster, F. E. Jr. (1989): Organizational Culture and Marketing: Defining the Research Agenda, in: Journal of Marketing, 53. Jg., 1989, H. 1, S. 3 – 15.

Deshpandé, R./Farley, J. U./Webster, F. E. jr. (1993): Corporate Culture, Customer Orientation, and Innovativeness in Japanese Firms: A Quadrad Analysis, in: Journal of Marketing, 57. Jg., 1993, H. 1, S. 23 – 37.

Deshpandé, R./Zaltman, G. (1982): Factors Affecting the Use of Market Research Information: A Path Analysis, in: Journal of Marketing Research, 19. Jg., 1982, S. 14 – 31.

Diller, H. (Hrsg.): Erfolgreiches Key Account Management, Nürnberg 2003.

Diller, H./Gaitanides, M. (1988): Das Key-Account-Management in der deutschen Lebensmittelindustrie. Eine empirische Studie zur Ausgestaltung und Effizienz, Hamburg 1988.

Diller, H./Diller, S. (1993): Key-Account-Management in der deutschen Bekleidungsindustrie, Arbeitspapier Nr. 27, Universität Erlangen-Nürnberg, Betriebswirtschaftliches Institut, Lehrstuhl für Marketing, Nürnberg 1993.

Diller, H./Ivens, B. S. (2006): Process Oriented Marketing, in: Marketing – Journal of Research and Management, 2. Jg., 2006, S. 14 – 29.

Diller, H./Saatkamp, J. (2002): Schwachstellen in Marketingprozessen. Ergebnisse einer explorativen Reengineering-Metaanalyse, in: Marketing ZFP, 24. Jg., 2002, S. 239 – 252.

Dombrowski, U./Grundei, J./Melcher, P. R. et. al. (2015): Prozessorganisation in deutschen Unternehmen. Eine Studie zum aktuellen Stand der Umsetzung, in: Zeitschrift Führung + Organisation, 84., Jg., 2015, S. 63 – 69.

Donaldson, L. (1987): Strategy and Structural Adjustment to Regain Fit and Performance: In Defense of Contingency Theory, in: Journal of Management Studies, 24. Jg., 1987, H. 1, S. 1 –24.

Donnellon, A. (1993): Crossfunctional Teams in Product Development: Accommodating the Structure to the Process, in: Journal of Product Innovation Management, 10. Jg., 1993, S. 377 – 392.

Dr. August Oetker KG (2014). Konzerngeschäftsbericht 2013 (http://oetkerblob.blob.core.windows.net/oetkergruppe-de/1076671/Konzern-GeschäftsberichtOetker-Gruppe2013.pdf).

Ehrlinger, E. (1979): Kundengruppen-Management. Erfahrungen mit einer neuen Organisationsform im Vertrieb, in: Die Betriebswirtschaft, 39. Jg., 1979, S. 261 – 273.

Faix, A. (2007a): Gestaltung der Marketing-Organisation im Zeichen der Marktorientierung: Eine empirische Analyse unter konsistenztheoretischem Blickwinkel, in: Kairos, Berichte des Instituts für Angewandte Managementforschung, 2007, Nr. 1, S. 3 – 23.

Faix, A. (2007b): Empirische Fundierung des Organisations-Audit: Analysen zur Beurteilung der Marktorientierung des Produkt- und Key-Account-Managements, in: Controlling als Instrument der Unternehmensführung (Hrsg.: Bergmann, M./Faix, A.), Berlin 2007, S. 103 – 132.

Faix, A. (2007c): Die organisatorische Implementierung der Marktorientierung. Konzeptionelle und empirische Analysen grundlegender Möglichkeiten einer kunden- und wettbewerberorientierten Organisationsgestaltung, unveröffentlichte Schrift, Köln 2007.

Faix, A. (2009): Gestaltung marktorientierter Reorganisationen, in: Kairos, Berichte des Instituts für Angewandte Managementforschung, H. 1, 2009, S. 6 – 51.

Faix, A. (2010): Organisation Design of a Library, in: EBSLG (European Business Schools Librarians´ Group) Annual General Conference, 18. – 21.05.2010, Cologne, Selected Papers (eds.: Depping, R./Suthaus, C.), S. 20 – 29.

Faix, A. (2013): Heidelberger Druckmaschinen AG – Strategische Führung im Zeichen des Konsistenzansatzes, Case study, Center for Applied Studies & Education in Management (CASEM), Case Ref. No 13-1100DE, 2013.

Faix, A. (2015): Koordination zwischen Marketing und F&E – Empirische Analyse auf Basis der Erhebungen des IHK-InnoMonitor 2014, in: Innovationserfolg. Management und Ressourcen systematisch gestalten (Hrsg.: Büchler, J.-P./Faix, A.), Frankfurt/Main 2015, S. 223 – 240.

Faix, A. (2018): Der Beitrag der Organisation zur Ausrichtung des Innovationsmanagements auf die Erzielung von Wettbewerbsvorteilen – Empirische Analysen auf Basis der Erhebungen des IHK-InnoMonitor 2015, in: Innovationsstrategien. Grundlagen, Gestaltungsansätze und Handlungsbedingungen (Hrsg.: Faix, A./Büchler, J.-P.), Frankfurt/Main 2018 (im Druck).

Faix, A./Büchler, J.-P. (2016): Competitive Advantage through Innovation Management – Analyzes and Results of the IHK-InnoMonitor 2015, Working Paper, Forschungsgruppe Innovationsexzellenz, Dortmund 2016.

Faix, A./Büchler, J.-P. (2017): Analysen zum Einfluss des Innovationsmanagements auf Innovations- und Unternehmenserfolge – Ergebnisse der IHK-InnoMonitor-Erhebungen 2015 und 2016, Forschungsberichte zum Innovationsmanagement, Forschungsgruppe Innovationsexzellenz, Dortmund 2017.

Faix, A./Frese, W. (2018): BioGenius GmbH: Strategische Neuorientierung im Spannungsfeld zwischen „Exploration" und „Exploitation", in: Innovationsstrategien. Grundlagen, Gestaltungsansätze und Handlungsbedingungen (Hrsg.: Faix, A./Büchler, J.-P.), Frankfurt/Main 2018 (im Druck).

Faix, A./Kupp, M. (2002): Kriterien und Indikatoren zur Operationalisierung von Kernkompetenzen, in: Aktionsfelder des Kompetenz-Managements. Ergebnisse des II. Symposiums Strategisches Kompetenz-Management (Hrsg.: Bellmann, K./Freiling, J./Hammann, P. et al.), Wiesbaden 2002. S. 59 – 83.

Faix, A./Schütz, K. (2002): Kriterien zur marktorientierten Bewertung von Organisationsstrukturen, Arbeitspapier des Marketing-Seminars der Universität zu Köln, Köln 2002.

Farell, M. A. (2003): The effect of downsizing on market orientation: the mediating roles of trust and commitment, in: Journal of Strategic Marketing, 11. Jg., 2003, H. 1, S. 55 – 74.

Fayol, H. (1916): Administration Industrielle et Générale, Paris 1916.

Fayol, H. (1990): General Principles of Management, in: Organization Theory (Hrsg.: Pugh, D. S.), 3. Aufl., London 1990, S. 181 – 202.

Fischermanns, G./Völpel, M. (2006): Der Reifegrad des Prozessmanagements, in: Zeitschrift Führung + Organisation, 75. Jg., 2006, H. 5, S. 284 – 290.

Freiling, J. (2001): Ressourcenorientierte Reorganisationen, Wiesbaden 2001.

Freiling, J./Köhler, R. (2014): Marketingorganisation, Stuttgart 2014.

Frese, E. (2005): Grundlagen der Organisation, 9. Aufl., Wiesbaden 2005.

Frese, E./Graumann, M./Theuvsen, L. (2012): Grundlagen der Organisation, 10. Aufl., Wiesbaden 2012.

Frese, E./Werder, A. v. (1994): Organisation als strategischer Wettbewerbsfaktor: Organisationstheoretische Analyse gegenwärtiger Umstrukturierungen, in: Organisationsstrategien zur Sicherung der Wettbewerbsfähigkeit – Lösungen deutscher Unternehmen (Hrsg.: Frese, E.; Maly, W.), Zeitschrift für betriebswirtschaftliche Forschung, Sonderheft 33, Düsseldorf – Frankfurt/Main 1994, S. 1 – 27.

Friesen, G. B./Mills, D. Q. (1993): Marketing in der Organisation der Zukunft, in: absatzwirtschaft, 36. Jg., 1993, H. 6, S. 34 – 42.

Fritz, W. (1992): Marktorientierte Unternehmensführung und Unternehmenserfolg, Stuttgart 1992.

Fritz, W. (1997): Erfolgsursache Marketing, Stuttgart 1997.

Frost, J. (1997): Die Koordinations- und Orientierungsfunktion der Organisation, Diss. Bern – Stuttgart – Wien 1997.

Gabele, E. (1979): Unternehmensstrategie und Organisationsstruktur, in: Zeitschrift Führung + Organisation, 48. Jg., 1979, S. 181 – 190.

Gabele (1992), Sp. 2207 f. Gabele, E. (2007): Reorganisation, in: Handwörterbuch der Organisation (Hrsg.: Frese, E.), 3. Aufl., Stuttgart 1992, Sp. 2196 – 2211.

Gaitanides, M. (1983): Prozeßorganisation, München 1983.

Gaitanides, M. (1985): Strategie und Struktur, in: Zeitschrift Führung + Organisation, 54. Jg., 1985, S. 115 – 122.

Gaitanides, M. (1992): Ablauforganisation, in: Handwörterbuch der Organisation (Hrsg.: Frese, E.), 3. Aufl., Stuttgart 1992, Sp. 1 – 18.

Gaitanides, M./Raster, M./Rießelmann, D. (1994): Die Synthese von Prozeßmanagement und Kundenmanagement, in: Prozeßmanagement. Konzepte, Umsetzungen und Erfahrungen des Reengineering (Hrsg.: Gaitanides, M./Scholz, R./Vrohlings, A. et al.), München – Wien 1994, S. 207 – 224.

Gaitanides, M./Scholz, R./Vrohlings, A. (1994): Prozeßmanagement – Grundlagen und Zielsetzungen, in: Prozeßmanagement. Konzepte, Umsetzungen und Erfahrungen des Reengineering (Hrsg.: Gaitanides, M./Scholz, R./Vrohlings, A. et al.), München, Wien 1994, S. 1 – 19.

Gegenmantel, R. (1996): Key-Account-Management in der Konsumgüterindustrie, Wiesbaden 1996.

Götz, P. (1995): Key-Account-Management im Zuliefergeschäft. Eine theoretische und empirische Untersuchung, Berlin 1995.

Goshal, S./Nohria, N. (1993): Horses for Courses: Organizational Forms for Multinational Corporations, in: Sloan Management Review, 34. Jg., 1993, H. 2, S. 23 – 35.

Griffin, A./Hauser, J. R. (1996): Integrating R&D and Marketing: A Review and Analysis of the Literature, in: Journal of Product Innovation Management, 13. Jg., 1996, H. 2, S. 191 – 215.

Grochla, E. (1982): Grundlagen der organisatorischen Gestaltung, Stuttgart 1982.

Gruner, K./Garbe, B./Homburg, C. (1997): Produkt- und Key-Account-Management als objektorientierte Formen der Marketingorganisation, in: Die Betriebswirtschaft, 57. Jg., 1997, S. 234 – 251.

Gutenberg, E. (1962): Unternehmensführung. Organisation und Entscheidungen. Wiesbaden 1962.

Gutenberg, E. (1976): Grundlagen der Betriebswirtschaftslehre, 1. Bd.: Die Produktion, 22. Aufl., Berlin u.a. 1976.

Hall, D. J./Saias, M. A. (1980): Strategy Follows Structure! In: Strategic Management Journal, 1. Jg., 1980, S. 149 – 163.

Hamilton, R. T./Shergill, G. S. (1992): The Relationship between Strategy-Structure Fit and Financial Performance in New Zealand: Evidence of Generality and Validity with Enhanced Controls, in: Journal of Management Studies, 29. Jg., 1992, H. 1, S. 95 – 113.

Hammer, M. (1990): Reengineering Work: Don´t Automate, Obliterate, in: Harvard Business Review, 68. Jg., 1990, H. 4, S. 104 – 112.

Hammer, M. (1995): Reengineering I: Der Sprung in eine andere Dimension, in: Harvard Business Manager, 17. Jg., 1995, H. 2, S. 95 – 103.

Hammer M./Champy, J. (1994): Business Reengineering. Die Radikalkur für das Unternehmen, 2. Auflage, Frankfurt/Main – New York 1994.

Hammer, M./Champy, J. (2001): Reengineering the Corporation. A Manifesto for Business Revolution, 2. Aufl. London 2001.

Hanser, P. (1992): Dem Kunden näherrücken. Wie sich Unternehmen neu organisieren, in: absatzwirtschaft, 35. Jg., 1992, H. 7, S. 32 – 39.

Hanser, P. (2007): Marketing entfesselt den Bullen, in: absatzwirtschaft, 50. Jg., H. 5, S. 26 – 31.

Hauschildt, J./Kirchmann, E. (1997): Arbeitsteilung im Innovationsmanagement. Zur Existenz und Effizienz von Prozeßpromotoren, in: Zeitschrift Führung + Organisation, 66. Jg., 1997, S. 68 – 73.

Heidelberger Druckmaschinen AG, Geschäftsbericht 2004/2005.

Heidelberger Druckmaschinen AG, Geschäftsbericht 2005/2006.

Henke, J. W./Krachenberg, A. R./Lyons, T. F. (1993): Cross-Functional Teams: Good Concept, Poor Implementation! In: Journal of Product Innovation Management, 10. Jg., 1993, S. 216 – 229.

Hess, T./Schuller, D. (2005): Business Process Reengineering als nachhaltiger Trend? Eine Analyse der Praxis in deutschen Großunternehmen nach einer Dekade, in: Zeitschrift für betriebswirtschaftliche Forschung, 57. Jg., 2005, S. 355 – 373.

Homburg, C. (2000): Kundennähe von Industriegüterunternehmen: Konzeption – Erfolgsauswirkungen – Determinanten, 3. Aufl., Wiesbaden 2000.

Homburg, C./Krohmer, H. (2006): Marketingmanagement, 2. Aufl., Wiesbaden 2006.

Hungenberg, H. (1995): Zentralisation und Dezentralisation, Strategische Entscheidungsverteilung in Konzernen, Wiesbaden 1995.

Hilker, W. (1993): Marketing-Implementierung, Wiesbaden 1993.

Jensen, O. (2001): Key-Account-Management, Wiesbaden 2001.

Johnson, M. D. (1998): Customer Orientation and Market Action, New Jersey 1998.

Kahn, K. B. (1996): Interdepartmental Integration: A Definition with Implications for Product Development Performance, in: Journal of Product Innovation Management, 13. Jg., 1996, H. 2, S. 137 – 151.

Kahn, K. B./Mentzer, J. T. (1998): Marketing´s Integration with Other Departments, in: Journal of Business Research, 42. Jg., 1998, S. 53 – 62.

Kajüter, P. (2002): Prozesskostenmanagement, in: Kostenmanagement. Wertsteigerung durch systematische Kostensteuerung (Hrsg.: Franz, K.-P./Kajüter, P.), 2. Aufl., Stuttgart 2002, S. 249 – 278.

Kaplan, R. B./Murdock, L. (1991): Core process redesign, in: McKinsey Quarterly, 26. Jg., 1991, H. 2, S. 27 – 43.

Katsanis, L. P./Laurin, J.-P. G./Pitta, D. A. (1996): How should product managers´ job performance be evaluated in emerging product management systems? In: Journal of Product & Brand Management, 5. Jg., 1996, H. 6, S. 5 – 23.

Katsanis, L. P./Pitta, D. A. (1995): Punctuated equilibrium and the evolution of the product manager, in: Journal of Product & Brand Management, 4. Jg., 1995, H. 3, S. 49 – 60.

Kempeners, M. A./Hart, H. W. van der (1999): Designing account management organizations, in: Journal of Business & Industrial Marketing, 14. Jg., 1999, S. 310 – 327.

Khandwalla, P. N. (1973): Viable and Effective Organizational Design of Firms, in: Academy of Management Journal, 16. Jg., 1973, H. 3, S. 481 – 495.

Khandwalla, P. N. (1975): Unsicherheit und die ´optimale´ Gestaltung von Organisationen, in: Organisationstheorie (1. Teilband; Hrsg.: Grochla, E.), Stuttgart 1975, S. 140 – 156.

Kieser, A./Kubicek, H. (1992): Organisation, 3. Aufl., Berlin, New York 1992.

Kirsch, W./Esser, W.-M./Gabele, E. (1979): Das Management des geplanten Wandels von Organisationen, Stuttgart 1979.

Knopf, R. H. (1976): Dimensionen des Erfolgs von Reorganisationsprozessen, Diss. Mannheim 1976.

Klimmer, M. (2011): Unternehmensorganisation, 3. Aufl., Herne 2011.

Knox, S. (1994): Transforming Brand Management from a Functional Activity into a Core Process, in: Journal of Marketing Management, 10. Jg., 1994, S. 621 – 632.

Köhler, R. (1993): Beiträge zum Marketing-Management, 3. Aufl., Stuttgart 1993.

Köhler, R. (1998): Kundenorientierte Organisation, in: Signale aus der WHU Koblenz - Otto-Beisheim-Hochschule, 12. Jg., 1998, H. 2, S. 5 – 14.

Köhler, R./Büttgen, M./Faix, A. et al. (2002): Bedeutung des Marketing im Unternehmen. Bericht über eine empirische Erhebung am Marketing-Seminar der Universität zu Köln (Arbeitspapier), Köln 2002.

Kohlbacher, M./Reijers, H. A. (2013): The effects of process-oriented organizational design on firm performance, in: Business Process Management Journal, Vol. 19, 2013, No. 2, S. 245 – 262.

Kohli, A. K./Jaworski, B. J. (1990): Market Orientation: The Construct, Research Propositions, and Managerial Implications, in: Journal of Marketing, Jg. 54, 1990, H. 2, S. 1 – 18.

Kolks, U. (1990): Strategieimplementierung. Ein anwenderorientiertes Konzept. Wiesbaden 1990.

Kosiol, E. (1976): Organisation der Unternehmung, 2. Aufl., Wiesbaden 1976.

Kotler, P./Keller, K. L./Bliemel, F. (2007): Marketing-Management, 12. Aufl., München – Boston – San Francisco u.a. 2007.

Kröher, M. O. R. (2006): Im Büro triumphiert die Ineffizienz, in: Manager Magazin, 36. Jg. (2006), H. 8, S. 20.

Krohmer, H./Homburg, C./Workman, J. P. jr. (2002): Should marketing be cross-functional? Conceptual development and international empirical evidence, in: Journal of Business Research, 55. Jg., 2002, S. 451 – 465.

Krüger, W. (1994): Umsetzung neuer Organisationsstrategien: Das Implementierungsproblem, in: Organisationsstrategien zur Sicherung der Wettbewerbsfähigkeit – Lösungen deutscher Unternehmen (Hrsg.: Frese, E./Maly, W.), Zeitschrift für betriebswirtschaftliche Forschung, Sonderheft 33, Düsseldorf, Frankfurt/Main, 1994, S. 197 – 221.

Krüger, W. (1998): Management permanenten Wandels, in: Organisation im Wandel der Märkte, Festschrift zum 60. Geburtstag von Prof. Dr. Erich Frese (Hrsg: Glaser, H./Schröder, E. F./Werder, A. v.), Wiesbaden 1998, S. 227 – 249.

Krüger, W. (Hrsg.) (2006): Excellence in Change. Wege zur strategischen Erneuerung, 3. Aufl., 2006, Wiesbaden.

Krull, D./Mattfeld, D. C. (2012): IT-gestützte Terminplanung und –steuerung in Fahrzeugentwicklungsprojekten am Beispiel der Marke Volkswagen PKW, in: Strategisches Projektmanagement (Hrsg.: Ahlemann, F./Eckl, C.), Wiesbaden 2012, S. 183 – 206.

Laßmann, A. (1992): Organisatorische Koordination. Konzepte und Prinzipien zur Einordnung von Teilaufgaben, Wiesbaden 1992.

Lawrence, P. R./Lorsch, J. W. (1967a): Organization and Environment, Boston 1967.

Lawrence, P. R./Lorsch J. W. (1967b): New management job: the integrator, in: Harvard Business Manager, 45. Jg., 1967, S. 142 – 151.

Lewin, K. (1963): Feldtheorie in den Sozialwissenschaften, Bern, Stuttgart 1963.

Lim, J.-S./Reid, D. A. (1992): Vital Cross-Functional Linkages with Marketing, in: Industrial Marketing Management, 21. Jg., 1992, S. 159 – 165.

Lucke, K. (1977): Wachablösung: Markt- statt Produktmanagement, in: absatzwirtschaft, 20. Jg., 1977, H. 11, S. 62 – 68.

Ludwig, W. F. (1997): Mehr Mitarbeiter- und Kundenzufriedenheit durch internes Unternehmertum. Die Modulare Prozeßketten-Organisation (MPO), in: Kundenzufriedenheit. Konzepte – Methoden – Erfahrungen (Hrsg.: Simon, H./Homburg, C.), 2. Auflage, Wiesbaden 1997, S. 123 – 137.

Maier, A. (2016): Das Wendemanöver, in: manager magazin, Juli 2016, S. 37 – 41.

Maier, A./Palan, D. (2016): Allianz goes Google, in: manager magazin, Juni 2016, S. 50 – 56.

March, J. G. (1991): Exploration and exploitation in organizational learning, in: Organization Science, Vol. 2, 1991, H. 1, S. 71 – 87.

Marr, R./Kötting, M. (1992): Implementierung, organisatorische, in: Handwörterbuch der Organisation, 3. Aufl. (Hrsg.: Frese, E.), Stuttgart 1992, Sp. 827 – 841.

Martinsons, A. G. B./Martinsons, M. G. (1994): In Search of Structural Excellence, in: Leadership & Organization Development Journal, 15. Jg., 1994, H. 2, S. 24 – 28.

Mintzberg, H. (1979): The Structuring of Organizations, Englewood Cliffs 1979.

Murphy, W. H./Gorchels, L. (1996): How to Improve Product Management Effectiveness, in: Industrial Marketing Management, 25. Jg., 1996, H. 1, S. 47 – 58.

Narver, J. C./Slater, S. F./Tietje, B. (1998): Creating a Market Orientation, in: Journal of Market-Focused Management, 3. Jg., 1998, S. 241 – 255.

Nippa, M. (1997): Erfolgsfaktoren organisatorischer Veränderungsprozesse in Unternehmen. Ergebnisse einer Expertenbefragung, in: Implementierungsmanagement. Über die Kunst, Reengineeringkonzepte erfolgreich umzusetzen (Hrsg.: Nippa, M./Scharfenberg, H.), Wiesbaden 1997. S. 21 – 57.

Nordsieck, F. (1934): Grundlagen der Organisationslehre (2. überarbeitete Auflage: Rationalisierung der Betriebsorganisation, Stuttgart 1955), Stuttgart 1934.

Oehler, A. (1998): Kundenorientierte Organisationsstrukturen in Filialbanken: Grundlegende Realisierungsvoraussetzungen und Implementierungsprobleme, in: Kundenzufriedenheit und Kundenbindung. Strategien und Instrumente von Finanzdienstleistern (Hrsg.: Müller, S./Strothmann, H.), München 1998, S. 255 – 287.

Oelsnitz, D. v. d. (1999): Marktorientierter Unternehmenswandel. Managementtheoretische Perspektiven der Marketingimplementierung. Wiesbaden 1999.

Olson, E. M./Walker, O. C. jr./Ruekert, R. W. (1995): Organizing for Effective New Product Development: The Moderating Role of Product Innovativeness, in: Journal of Marketing, 59. Jg., 1995, H. 1, S. 48 – 62.

Ott, H. J. (1994): Flache Hierarchie, in: Wirtschaftswissenschaftliches Studium, 23. Jg., 1994, S. 35 – 37.

Peters, T./Waterman, R. (1982): In Search of Excellence, New York – London:

Peters, T. (1993): Big ist out. Wie groß darf ein Unternehmen sein? In: Harvard Business Manager, 15 Jg., 1993, H. 3, S. 93 – 114.

Pfeffer, J./Salancik, G. R. (1978): The External Control of Organizations. A Resource Dependence Perspective, New York – Hagerstown – San Francisco 1978.

Pflesser, C. (1999): Marktorientierte Unternehmenskultur, Wiesbaden 1999.

Picot, A./Fiedler, M. (2003): Change Management – Möglichkeiten und Grenzen der Beteiligung und Motivation von Mitarbeitern, in: Die Gestaltung der Organisationsdynamik, Festschrift für Professor Dipl.-Kfm. Dr. Oskar Grün (Hrsg.: Hoffmann, W. H.), Stuttgart 2003, S. 289 – 308.

Picot, A./Franck, E. (1996): Prozeßorganisation. Eine Bewertung der neuen Ansätze aus Sicht der Organisationslehre, in: Prozeßmanagement und Reengineering. Die Praxis im deutschsprachigen Raum: Konzepte und Praxisbeispiele (Hrsg.: Nippa, M./Picot, A.), 2. Auflage, Frankfurt am Main – New York 1996, S. 13 – 38.

Porter, M. E. (2008): Wettbewerbsstrategien, 11. Aufl., Frankfurt/Main – New York 2008.

Porter, M. E. (2014): Wettbewerbsvorteile, 8. Aufl., Frankfurt/Main – New York 2014.

Prahalad, C. K./Bettis, R. A. (1986): The Dominant Logic: a New Linkage Between Diversity and Performance, in: Strategic Management Journal, 7. Jg., 1986, H. 6, S. 485 – 501.

Rasche, C. (1994): Wettbewerbsvorteile durch Kernkompetenzen, Wiesbaden 1994.

Reiß, M. (1992): Integriertes Projekt-, Produkt- und Prozeßmanagement, in: Zeitschrift Führung + Organisation, 61. Jg., 1992, H. 1, S. 25 – 31.

Rho, B.-H./Hahm, Y.-S./Yu, Y.-M. (1994): Improving interface congruence between manufacturing and marketing in industrial-product manufacturers, in: International Journal of Production Economics, 37. Jg., 1994, H. 1, S. 27 – 40.

Rieker, S. A. (1995): Bedeutende Kunden. Analyse und Gestaltung von langfristigen Anbieter-Nachfrager-Beziehungen auf industriellen Märkten, Wiesbaden 1995.

Romer, K./Doren, D. C. van (1993): Implementing Marketing in a High-Tech Business, in: Industrial Marketing Management, 22. Jg., 1993, S. 177 – 185.

Rost, K./Hölzle, K./Gemünden, H.-G. (2007): Promotors or Champions? Pros and Cons of Role Specialisation for Economic Process, in: Schmalenbach´s Business Review, Vol. 59, 2007, S. 340 – 363.

Ruekert, R. W./Walker, O. C. jr. (1987): Marketing's Interaction with Other Functional Units: A Conceptual Framework and Empirical Evidence, in: Journal of Marketing, 51. Jg., 1987, H. 1, S. 1 – 19.

Ruyter, K. D./Wetzels, M. (2000): Determinants of a Relational Exchange Orientation in the Marketing-Manufacturing Interface: An Empirical Investigation, in: Journal of Management Studies, 37. Jg., 2000, H. 2, S. 257 – 276.

Schäcke, M. (2005): Pfadabhängigkeit in Unternehmen. Ursache für Widerstände bei Reorganisationen, Berlin 2005.

Schein, E. H. (1983): The Role of the Founder in Creating Organizational Culture, in: Organizational Dynamics, 12. Jg., 1983, H. 1, S. 13 – 28.

Schewe, G. (1999a): Unternehmensstrategie und Organisationsstruktur. Ein systematischer Überblick zum Stand der Forschung, in: Die Betriebswirtschaft, 59. Jg., 1999, S. 61 – 75.

Schewe, G. (1999b): Unternehmensstrategie und Organisationsstruktur. Eine Re-Analyse empirischer Forschungsergebnisse, in: Managementinstrumente und -konzepte. Tagungsband der 60. Wissenschaftlichen Jahrestagung des Verbandes der Hochschullehrer für Betriebswirtschaft e.V. an der Wirtschaftsuniversität Wien (Hrsg.: Egger, A./Grün, O./Moser, R.), Stuttgart 1999, S. 109 – 124.

Schmidt, G. (2003): Einführung in die Organisation, 2. Aufl., Wiesbaden 2003.

Schirmer, F. (2000): Reorganisationsmanagement, Wiesbaden 2000.

Scholz, C. (1997): Strategische Organisation, Landsberg am Lech 1997.

Schreyögg, G. (1978): Umwelt, Technologie und Organisationsstruktur. Eine Analyse des kontingenztheoretischen Ansatzes, Bern – Stuttgart 1978.

Schreyögg, G. (2002): Strategie folgt Struktur. Lektionen aus einem empirischen Befund für eine neue Theorie der Unternehmenssteuerung, in: Marketing-Management und Unternehmensführung, Festschrift für Professor Dr. Richard Köhler zum 65. Geburtstag (Hrsg.: Böhler, H.), Stuttgart 2002, S. 35 – 50.

Schreyögg, G. (2008): Organisation. Grundlagen moderner Organisationsgestaltung, 5. Aufl., Wiesbaden 2008.

Senn, C. (1997): Key Account Management für Investitionsgüter, Wien 1997.

Simon, H. A. (1957): Models of Man, New York – London 1957.

Slater, S. F./Narver, J. C. (1995): Market Orientation and the Learning Organization, in: Journal of Marketing, 59. Jg., 1995, July, S. 63 – 74.

Smith, K. G./Grimm, C. M./Gannon, M. J. et al. (1991): Organizational Information Processing, Competitive Responses, and Performance in the U.S. Domestic Airline Industry, in: Academy of Management Journal, 34. Jg., 1991, H. 1, S. 60 – 85.

Souder, W. E./Chakrabarti, A. K. (1978): The R&D/Marketing Interface: Results from an Empirical Study of Innovation Projects, in: IEEE Transactions on Engineering Management, 25. Jg., 1978, H. 4, S. 88 – 93.

Sydow, J. (1992): Strategische Netzwerke. Evolution und Organisation, Wiesbaden 1992.

Sydow, J. (1995): Netzwerkorganisation. Interne und externe Restrukturierung von Unternehmungen, in: Wirtschaftswissenschaftliches Studium, 24. Jg., 1995, H. 12, S. 629 – 634.

Taylor, F. W. (1911): The Principles of Scientific Management, New York 1911.

Thom, N. (1995): Change Management, in: Handbuch Unternehmungsführung (Hrsg.: Corsten, H./Reiß, M.), Wiesbaden 1995, S. 869 – 879.

Thom, N./Wenger, A. (2003): Organisatorische Effizienz als Ergebnis eines systematischen Gestaltungsprozesses, in: Die Gestaltung der Organisationsdynamik. Festschrift für Professor Dipl.-Kfm. Dr. Oskar Grün (Hrsg.: Hoffmann, W. H.), Stuttgart 2003, S. 257 – 288.

Utikal, H./Ebel, B. (2006): Reorganisation eines mittelständischen Unternehmens, in: Zeitschrift Führung + Organisation, 75. Jg., 2006, H. 3, S. 170 – 176.

Vahs, D. (2015): Organisation, 9. Aufl., Stuttgart 2015.

Webster, F. E. jr. (1992): The Changing Role of Marketing in the Corporation, in: Journal of Marketing, 56. Jg., 1992, October, S. 1 – 17.

Webster, F. E. jr. (1997): The Future Role of Marketing in the Organization, in: Reflections on the Futures of Marketing (Hrsg.: Lehmann, D. R./Jocz, K. E.), Cambridge (Mass.) 1997, S. 39 – 66.

Weitlaner, D./Kohlbacher, M. (2015): Process management practices: organizational (dis-) similarities, in: The Service Industries Journal, Vol. 35, 2015, Nos. 1 – 2, S. 44 – 61.

Wermeyer, F. (1994): Marketing und Produktion, Wiesbaden 1994.

Wernerfelt, B. (1984): A Resource-based View of the Firm, in: Strategic Management Journal, 5. Jg., 1984, S. 171 – 180.

Witte, E. (1973): Organisation für Innovationsentscheidungen. Das Promotoren-Modell, Göttingen 1973.

Wöhe, G./Döring, U. (2005): Einführung in die Allgemeine Betriebswirtschaftslehre, 22. Auflage, München 2005.

Wolf, J. (2000): Strategie und Struktur 1955 bis 1995, Wiesbaden 2000.

Wolf, J. (2008): Organisation, Management, Unternehmensführung, Wiesbaden 2008.

Ziegler, R. M. (2014): Managing Integrated Development in the Pharmaceutical Industry: A Cross-Functional Approach to Development of More Efficient Manufacturing Processes, Diss., Universität St. Gallen, 2014 (http://verdi.unisg.ch/www/edis.nsf/SysLkpByIdentifier/4254/$FILE/Dis4254.pdf).